100만 여성 바둑 애호가를 위한

여성 바둑 강좌 ⑤
실전에서 이기는 법

프로바둑연구회 편

太乙出版社

머 리 말

바둑은 실전이 무엇보다 중요하다. 포석을 배우고 맥을 연구하는 것도 모두가 다 실전에서 바둑을 잘 두기 위해서이다.

기초적인 실력이 완벽하게 쌓여야만 실전에서도 제대로 자신의 능력을 발휘할 수 있다.

요즘에는 여성 바둑 애호가들이 점점 늘어나고 있다. 바둑계에 있어서도 상당히 고무적인 일이 아닐 수 없다.

특히 여성 기사(棋士)의 승단 소식은 일반 여성 바둑 애호가들의 자부심을 한껏 부추기고 있다. 남성에 도전하는 여성의 새로운 모럴이라고나 할까, 아뭏든 여성들이 바둑에 뛰어들고 있다는 것은 사회적으로나 국가적으로 보아서도 결코 나쁜 현상은 아닌 것이다. 깨끗한 한 판의 승부, 인생의 오묘한 진리를 눈앞에 그려보면서 바둑의 세계에 뛰어들고 있는 여성의 자부심은 우리 사회의 지위를 한껏 높여주고 있다.

이 책은 비교적 여성 바둑 애호가를 위하여 기획되어진 실전의 테크닉 가이드라고 할 수 있다. 그렇다고 해서 이 책이 꼭 여성 독자에게만 국한되어진 책은 아니다. 바둑은 남성과 여성을 가릴 수 없는 남여 공용의 오락이며 성(性)을 초월한 지적 게임이기 때문이다.

아무쪼록 이 책으로 말미암아 여성 바둑 애호가 여

러분의 바둑 실전력이 가일층 드높아지기를 기원하는
바이다.

편 자 씀.

차 례

실전의 초반

초반에 관해서는 우선 포석의 이론을 잘 머리속에 넣고 바른 포석 감각을 익혀 가는 것이 중요하다.

또 싸움이 시작된 때는 돌의 강약, 돌의 관계를 잘 생각해야 한다.

테마1 넓은 장소

근시안적이 아닌, 넓은 시야로 바둑판을 보는 것이 중요.

포석은 거대한 세력 싸움이다. 빈 귀를 점령한 다음은 넓은 곳에 눈을 주어야 한다.

이 포석에서도 아직 넓은 곳이 처지지 않고 남아 있다. 그것이 어디인지는 알 것이다. 흑의 차례이다.

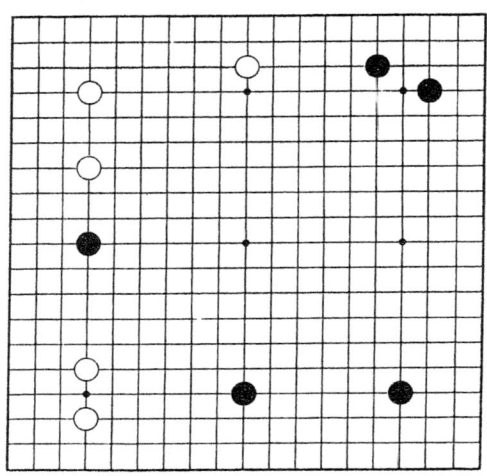

우변을 세력권으로

흑1, 또는 a가 굉장히 큰 수이다. 이것에 의해 우상귀에서 우하귀에 걸쳐 쭉 흑의 세력권이 되었다.

흑1에서 달리 b, c, d 등의 벌림도 있지만, 모두 폭이좁은 벌림이므로 흑1의 크기에는 미치지 못한다. 가령 흑1에서 b로 쳤다고 하면, 백에 1의 점으로 쳐져 세력이 갈라져 버린다.

흑1은 본래 좀더 빠른 시기에 칠 수 있어야 할 수로, 지금까지 쳐지지 않고 있었던 것이 이상할 정도이다.

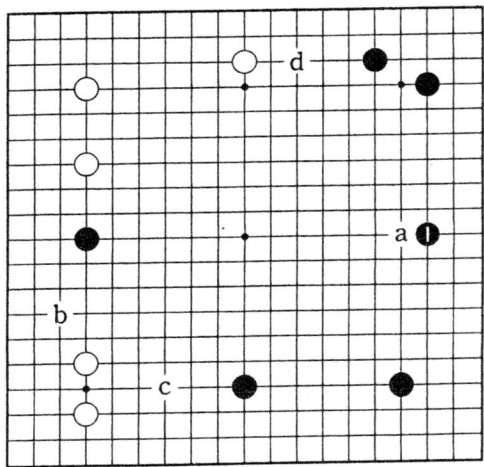

테마2 어디를 선택하나?

세 개 중, 두 개는 시기상조라고 생각된다.

백의 차례이다. 다음 한 수의 후보로써 A, B, C의 세 종류를 들었는데, 이 중 가장 좋은 것은 어느 것일까.

다짐해 두자면, 백 A는 두 칸 벌리기, B는 걸침, C는벌리기를 강화하는 한 칸 뛰기이다.

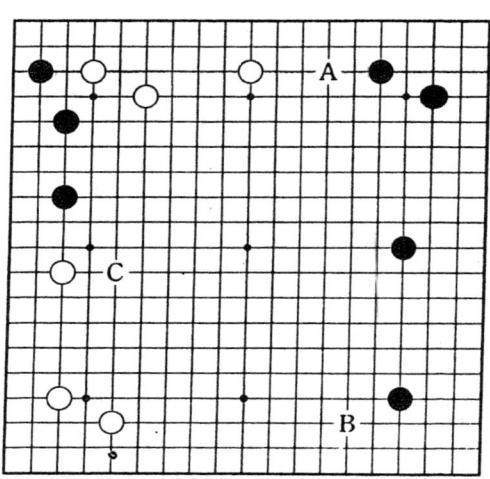

하변을 제압한다

앞에서도 말했듯이 넓은 곳에 눈을 줄 때이다. 넓은 곳이라고 하면 하변일 것이다. 거기에서 백1로 걸치고, 혹 2로 받은 때 백3으로 벌린다. 이것에 의해 좌하귀의 날일자 굳힘에서 오른쪽으로 걸쳐 백의 세력권이 되었다.

백1에서 a는 벌림의 폭을 부풀어 올리는 수인데, 아직 그 시기는 아니다.

백 b도 시기상조.

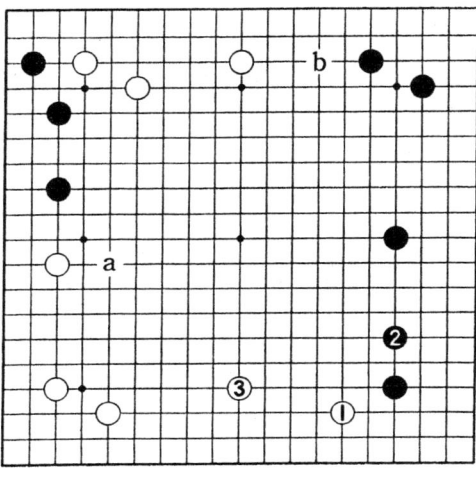

테마 3 벌리기의 요령

벌리기를 칠 때는 너무 욕심을 부리지 않도록 주의할 것.

좌변에 눈을 주는 것은 좋지만, 백1로 친 착점은 그다지 감탄할 만한 것이 못된다. 그것은 무엇 때문인가 하는 것을 여러분과 함께 생각해 보기로 하겠다.

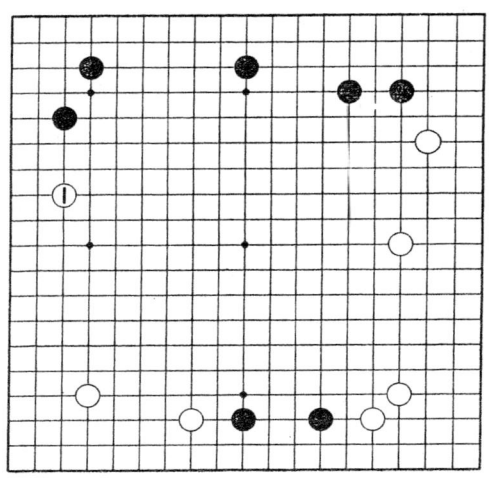

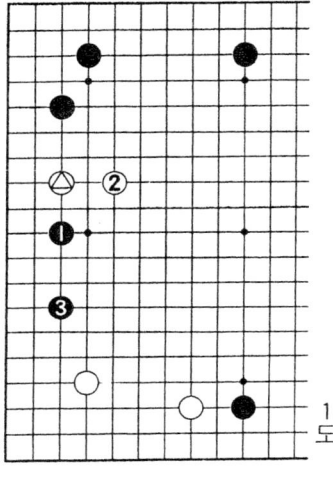

지나친 벌리기

1도

△은 지나친 벌리기이다. 그 때문에 흑1로 끼워지면 백2로 도망치지 않으면 안되고, 흑3으로 벌려졌다면 흑돌은 안정되어 있는데, 백돌은 불안정. 이것으로는 벌리기를 친 보람이 없을 것이다.

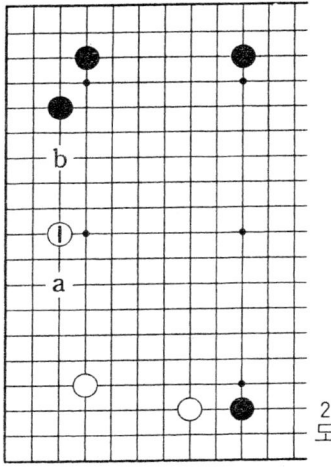

2도

백1이 바른 벌리기의 착점이었다. 이것이라면 흑a에 넣어져도 백b로 벌릴 여지가 있고, 흑만이 어려운 입장이 된다.

테마4 일단락이라고 보는가

포석에서는 돌의 안전성에 주의하는 것도 중요하다.

백1의 한 칸 높이 걸치기에 대해, 흑은 2 이하 6으로 귀의 집을 확보했다.

다음은 백의 차례. 우하귀가 일단락이라고 보면 백A의 굳힘이 큰 수인데, 과연 일단락이라고 보아도 좋을지 어떨지. 당신이라면 다음 한 수를 어디에 치겠는가.

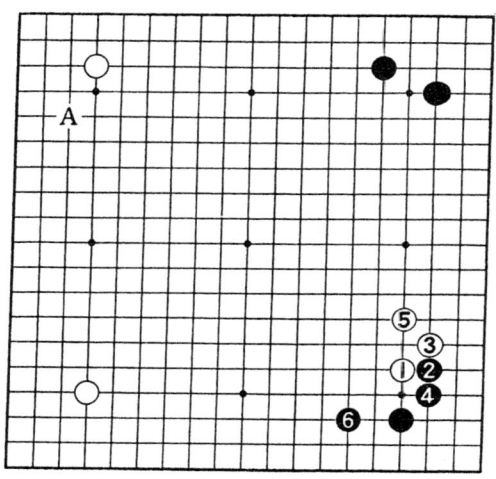

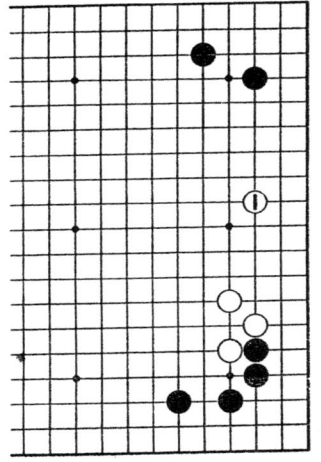

1도

안정을 기한다

1도

백1의 벌리기가 절대라고 해도 좋을 정도로 중요한 수. 왜냐하면 백1은 단순한 벌리기가 아닌, 아래쪽의 세 점을 안정시키는 중요한 역할이 있기 때문이다.

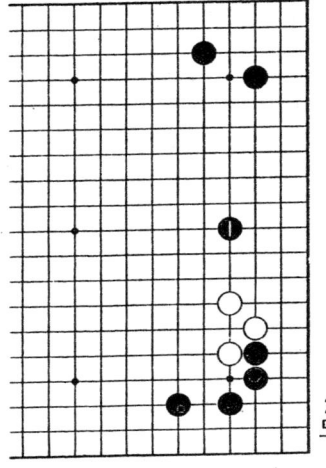

2도

2도

가령 백이 좌상귀의 굳힘을 쳤다고 하면 흑1이 절호수가 된다. 흑1은 벌리기와 끼우기를 겸한 효과가 좋은 수.

돌의 안정을 기하는 것도 포석의 중요한 요소이므로 잊지 않도록 한다.

테마 5 걸치기를 둘러싸고

소목에 걸쳐진 때의 생각은?

흑 1 의 걸치기에 대해 백 2 로 한 칸에 받고, 흑 3 의 벌리기까지가 되었다.

이 진행을 어떻게 생각하는가. 좋지 않은 수가 있다면 어느 수일까.

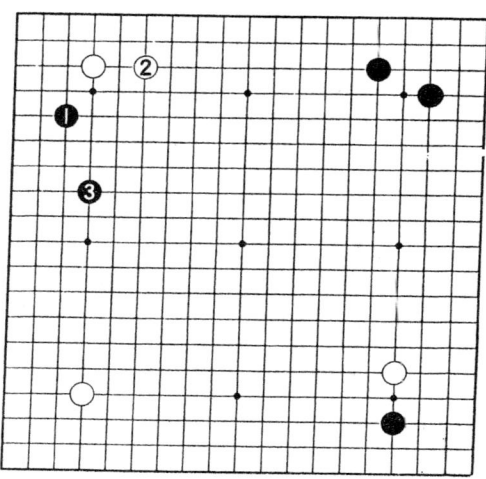

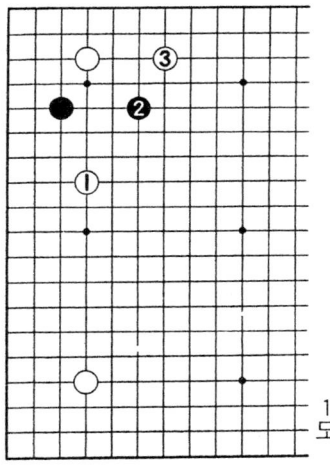

1도

보복의 끼우기

1도

백의 입장으로써는 소목의 군힘을 방해당했기 때문에 더욱 강력한 보복 수단을 취해야 하므로, 백1 등의 끼우기를 선택하고 싶은 때이다. 흑2, 백3이 되면 흑으로의 공격을 남기고 있으므로 테마도에 비해 유리하다고 할 수 있을 것이다.

2도

소목과 화점의 차이에 주의할 것. 화점은 허리가 높으므로 다소 불안정하기 때문에 흑1의 걸치기에 대해 단단하게 백2로 한 칸에 받는 것이 보통이다.

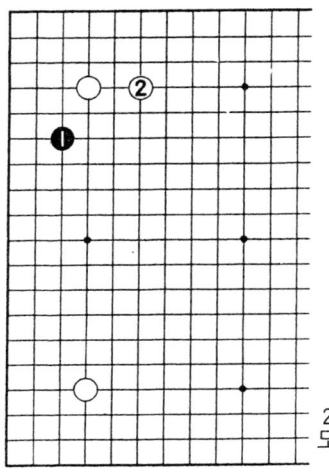

2도

테마 6 종류가 다른 수

소극적인 수 보다는 적극적인 수를 선택하고 싶은 것이다.

혹의 차례이다. 넓은 곳이 많이 있어 눈을 돌리지만, 착점을 A, B, C로 조이면 어디를 선택할까.

혹A는 끼우기. B는 귀의 수비. C는 걸치기. 모두 성질이 다른 수인데 ……

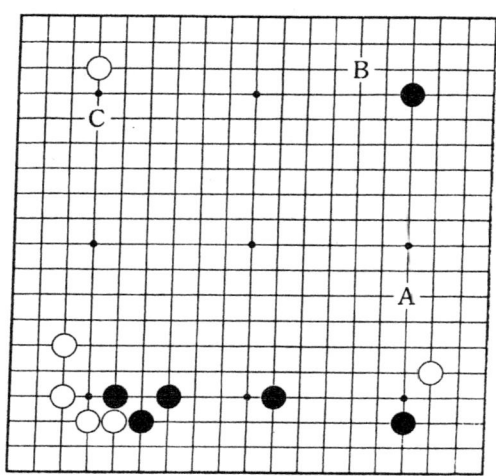

끼우기의 조건

흑1의 끼우기가 권하고 싶은 수이다. 이것에 의해 걸 치기의 백을 공격할 수 있는데, ⬤의 흑도 공격에 참가 해 가기 때문에 그만큼 흑1의 끼우기에 강력함이 가해 진다.

우상귀에도 흑이 있고, 거기에서부터 우변에 걸쳐 흑의 세력권이 되는 것도 흑1이 호수가 되는 요소의 하나라 고 할 수 있을 것이다.

적극성에 있어서 a도 b도 흑1에 떨어진다.

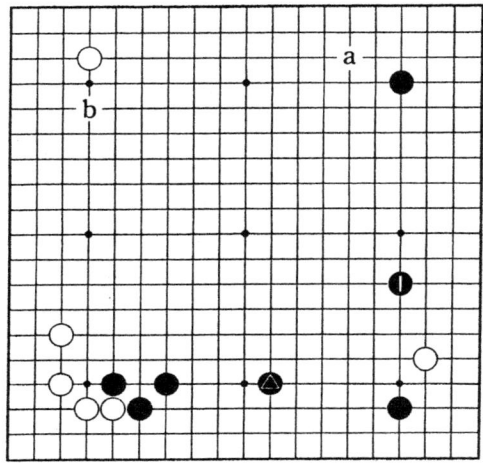

테마 7 집을 취하여 공격한다

너무 작용이 지나친 것도 무리가 생긴다.

흑1로 걸친 때 백2, 흑3을 친 다음 백4로 끼웠다. 이 백의 치기를 어떻게 생각하는가. 백2로 귀의 집을 확보하면서 백4로 공격, 어지간히 작용이 있는 치기라고 보이지만……

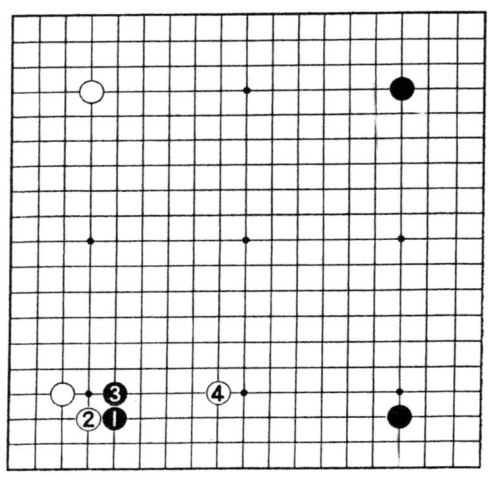

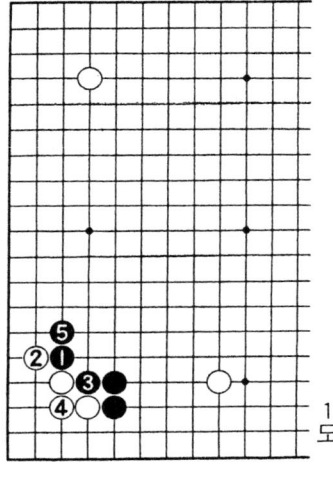

1
도

흑돌이 강해진다

1도

테마도의 백 2 에서 4 는 작용이 지나쳐 무리가 있다. 즉——

흑 1 에서 5 까지로 움직여져, 이 흑은 아주 강해져 공격할 곳이 못된다.

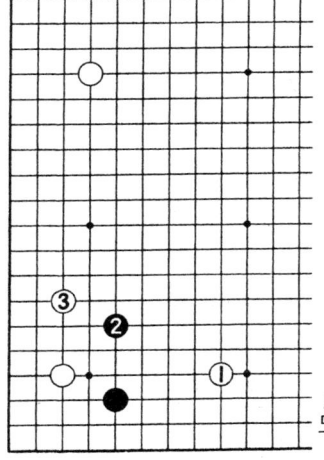

2
도

2도

끼우기라면 쓸데없는 짓은 하지 말고 백 1 이다. 이것이라면 흑도 강한 수는 칠 수 없고, 보통 흑 2 로 도망치는 정도이므로 백 3 으로 귀를 지키고 또 공격을 엿볼 수가 있다.

테마8 착수의 목적

흑 C로 치고 싶지는 않은지

백 1로 친 때. 흑의 다음 한 수를 예에 의해 A, B, C 중에서 한 수 선택하는데, 그 전에 백 1의 수가 과연 좋은 수인가 어떤가 판단할 필요가 있을 것이다.

만일 흑 C를 선택한다면 그 목적을 분명히 자각하는 것이 중요하다.

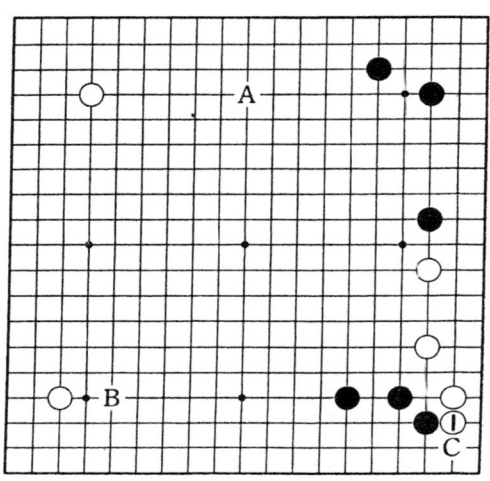

흑 1보 리이드

우선, ◎은 그다지 급한 수는 아니었다. 이것을 치지 않아도 백 세 점은 거의 안정되어 있고, 집에 관해서도 그다지 큰 수가 아니기 때문이다.

흑으로써는 1 또는 a의 걸치기로 돌아야 할 것이다. 흑b라고 대답하는 사람이 많을 것이라고 생각하는데, 여기에 치지 않아도 흑 세 점은 약한 돌이 아니다.

흑1에서 c도 큰 수이지만, 역시 벌리기 보다도 소목으로의 걸치기를 우선시켜야 할 것이다.

아뭏든, ◎이 시원치 않은 수이므로 흑 1보 리이드한 포석이 되었다.

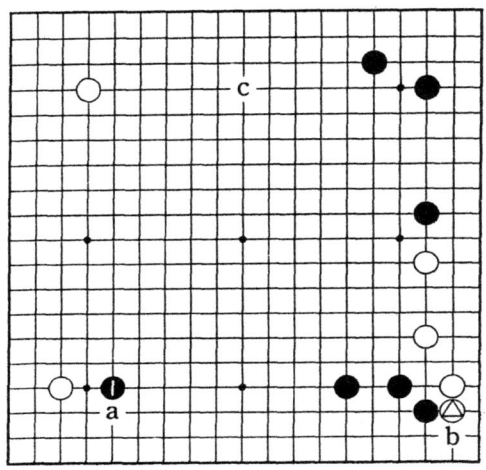

테마 9 일단락의 형

흑1·3은 돌의 안정을 기하기 위한 수이다.

지금, 흑1에서 백4까지로 옮긴 때인데, 이로써 일단락이라고는 할 수 없고, 이어서 치지 않으면 안될 수가 있다. 그곳에 치지 않으면 무엇 때문에 흑1·3을 쳤는지 알 수가 없다.

흑의 다음 한 수, 이어서 그 다음의 백의 수도 생각해 보기 바란다.

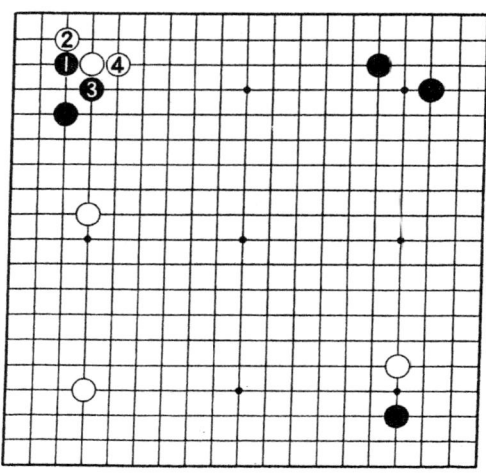

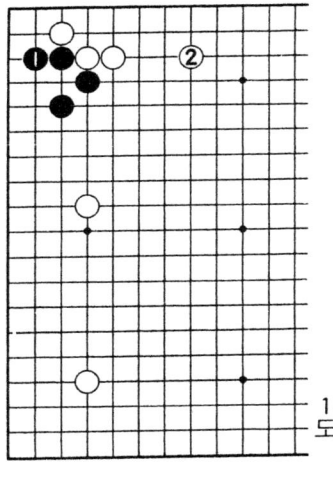

1
도

돌의 안정을 기한다

1도

흑1이 필요. 이에 의해 흑은 눈이 되기 쉬운 형이 된다.

백도 2로 벌려 돌의 안정을 기해야 할 것이다.

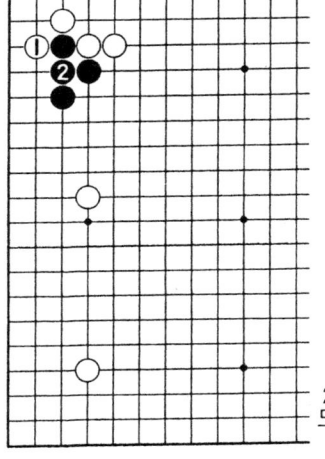

2
도

2도

흑이 다른 곳으로 쳤다고 해서 백이 1로 단수하면 흑은 눈이 빈약한 모양이 되어 버린다. 2의 잇기를 친 흑의 형은 돌이 단단하게 응어리져 탄력이 빈약하여, 설호의 공격 목표가 될 것이다.

테마 10 접촉해 있을 때

접촉전에서는 한 수의 차가 큰 영향을 미친다.

군힘이나 벌리기만이 포석은 아니다. 특히 돌이 접촉해 있을 때는 서로 맞물려 있는 것과 같으므로 수를 쉴 수가 없다. 다른 곳으로 도는 것은 그것이 일단락된 후의 이야기이다.

지금 흑1로 친 때인데, 다음 백의 한 수는?

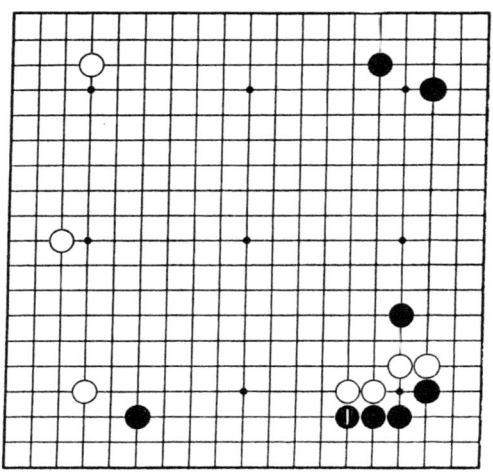

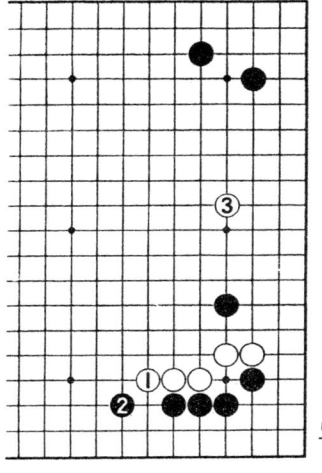

세력의 요점

1도

백1이 이 한 수로, '뻗기'라고 한다. 뻗는 것에 의해 돌의 세력이 사방으로 향하고, 모양이 강해지는 것이다. 흑2 라면 일단락이라고 보아 도 좋고, 백3의 끼우기 로도 돈다.

1도

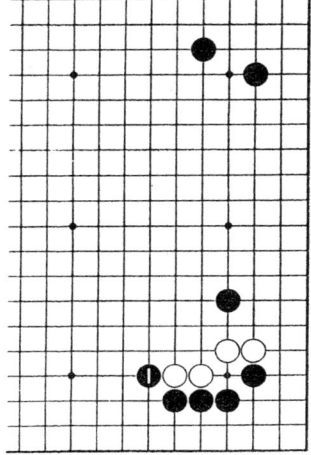

2도

백이 만일 다른 곳으로 치면 흑1이 절호의 수가 된다. 이 흑1은 '젖히기'. 젖히는 것에 의해 백돌의 세력이 쑥 약해지고, 반대로 흑돌의 세력이 강해져 간다.

2도

테마 11 집을 지키는 형

돌은 연락을 유지하는 것에 의해 강해진다.

흑 1은 마늘모 굳힘과 우변의 벌리기와의 폭을 밸런스를 유지하면서 부풀어 올릴 생각의 수이다. 그러나, 그다지 좋은 수라고는 할 수 없다. 그것은 무엇 때문일까. 흑 1의 악수를 찌르는 백의 수를 생각해 보자.

또, 본래 이 국면에서 상식적인 수라고 하자면, 흑 A의 걸치기일 것이다.

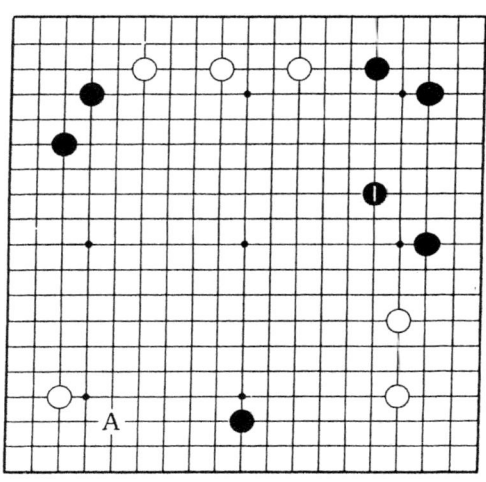

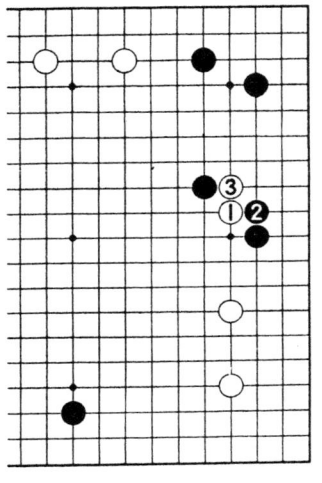

1도

갈라진다

1도

멜빵과 같은 흑의 형은 그 사이로 백 1 이 가르고 들어오면 연락을 유지할 수 없어져 돌의 힘이 분산되어 버린다. 예를 들어 흑 2, 백 3 이 되면 흑돌이 뿔뿔이 흩어져 힘을 잃고 마는 것이다.

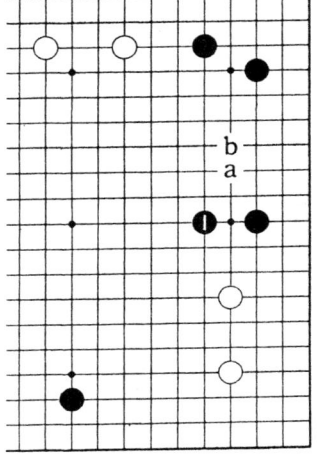

2도

2도

집을 지키려면 흑 1 의 한 칸 뛰기가 아니면 안된다. 또 더욱 단단히 지킬 필요가 있을 때는 흑 a의 날일자 또는 b의 눈목자이다.

테마12 공격인가 집인가

돌을 공격하여 이익을 기하는 것이 상책.

흑의 차례

포석의 단계에 치는 수라면 집에 관한 세력이나, 또는 돌의 공격과 수비에 관해 긴급을 요할 때이다.

이 국면에서 그 두 가지 종류의 수를 생각할 수 있다. 집의 개척이라면 좌변, 공격이라면 우변. 과연 어느 쪽이 우선할까.

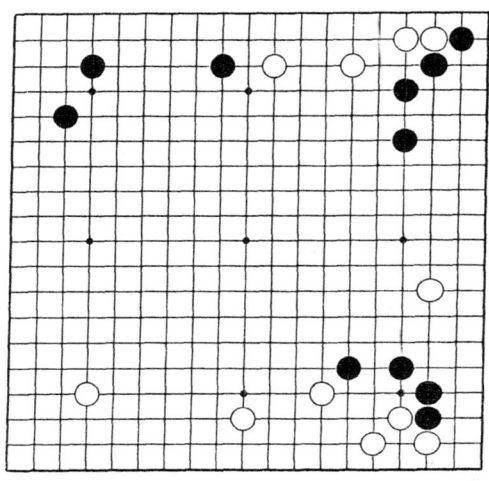

공격이 먼저

흑1이 긴급을 요하는 끼우기. 위에서부터의 벌리기를 겸하고 있으므로 두 종류의 작용이 있다. 백2라면 흑3으로 눌러 자신의 돌을 강하게 하는 요령.

좌변을 친다고 하면 흑a의 걸치기가 유력한데, 그러면 백b의 두 칸 벌리기가 쳐져 안정되어 버린다. 백이 두칸 벌리기로 안정되면 우하의 흑 네 점이 일방적으로 공격당하는 입장이 되고, 국면의 주도권도 백에게 쥐어지게 될 것이다.

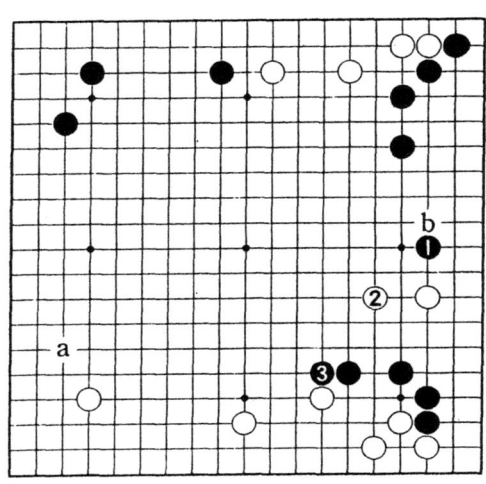

테마13 무리한 수를 찌른다

공격을 서둘지 말고 여유를 갖고 공격할 것.

백 1로 넣는 것은 어쩔 생각일까. 흑집을 줄이려는 것인가. 그렇지 않으면 ▲을 공격하려는 것인가—— 아뭏든 돌수의 비교로, 백 1은 무리한 수라고 하지 않을 수 없다. 흑이 다음 한 수를 바르게 치면 백 1이 무리라는 것은 분명해진다. 흑은 어디로 칠까.

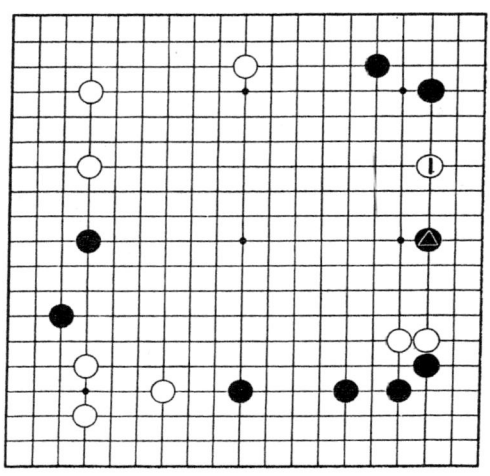

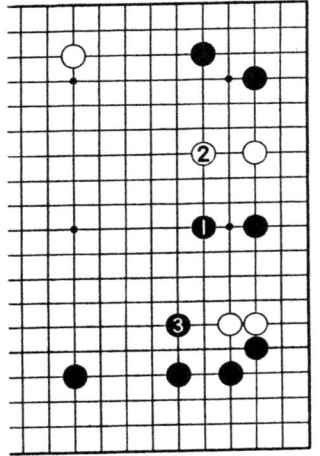

1
도

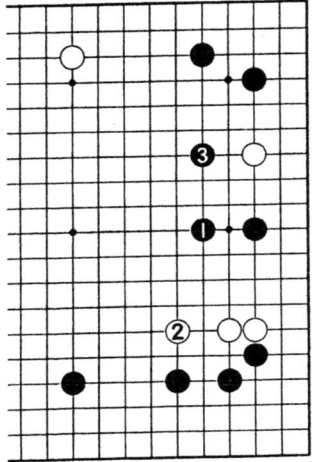

2
도

한 칸 뛰기로 양쪽 겨냥

1 도

공격을 서둘지 말고 단단히 흑1로 한 칸 뛰 기를 하면 좋은 것이다. 만일 백도 2로 한칸 뛰 기라면 흑3으로 포기하 는 것이 절호수. 백 두 점 이 취해진다고는 단정할 수 없지만, 비록 잡히지 않아도 백이 살려고 발 버둥치면 자연히 흑돌이 강해져, 큰 이익이 되는 것이다.

2 도

흑1에 백2의 한 칸 뛰기라면 흑3으로 위쪽 의 백을 포위한다.

이와같이, 양쪽 겨냥 이 가능해지면 치는 방 법에 여유가 생긴다.

테마14 차분한 수

같은 두 칸 벌리기라도 주위의 조건에 따라서는 크기가 달라진다.

상당히 수수가 전진, 포석의 최종 단계에 이르러 있다. 이 단계에 오면 크게 벌리는 수가 아닌, 벌리기라도 두 칸 벌리기나 또는 단단히 집을 굳히거나, 차분한 수를 칠 수 있게 된다.

다음은 백의 차례. 유력한 수로써 A, B, C를 생각할 수 있는데, 이 중에서 가장 큰 수는 어느 것이라고 생각하는가.

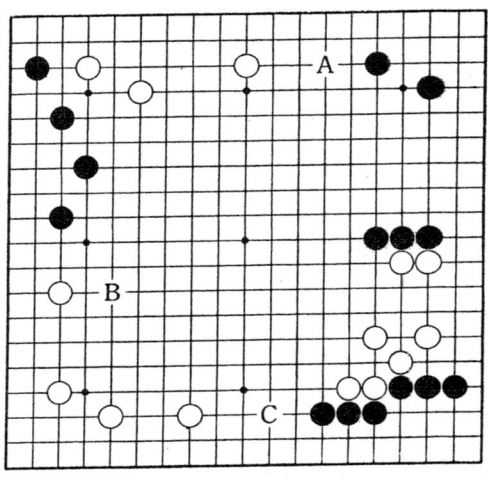

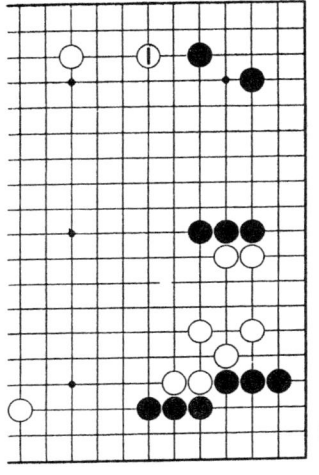

1도

흑의 집 모양을 제한

1도

단연, 백1의 두 칸 벌리기이다. 이 수는 백집을 늘린다기 보다도 흑집의 넓이를 제한하는 의미가 강하다는 것을 주의하기 바란다.

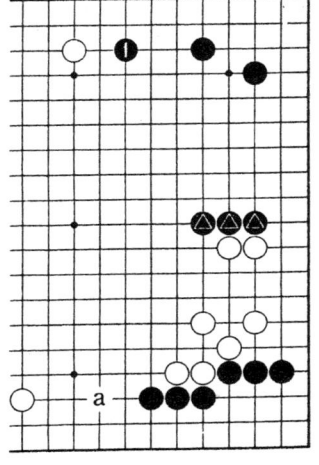

2도

2도

반대로 흑1로 쳐진경우와 비교해 보면, 그 크기를 알 수 있을 것이다. ●의 벽이 있는 관계로, 마늘모 굳힘의 주위가 큰 집 모양이 되어 있다.

같은 두 칸 벌리기라도 백a와는 비교가 되지 않는다.

테마15 귀에 넣어진다

집을 잃어도, 보상을 얻을 수 있으면 손해가 되지 않는다.

백 1 로 넣어갔다. 화점은 본래 한 수만으로는 귀의 수비가 불완전하므로 여기로 넣어지는 수는 인정해야 한다. 그러나 넣어졌다고 해서 화를 낼 필요는 없고, 귀의 집은 잃어도 보상을 취할 수 있게 되어 있다.

그럼 혹의 응수는 우선 A나 B나인데, 어느쪽이 바를까.

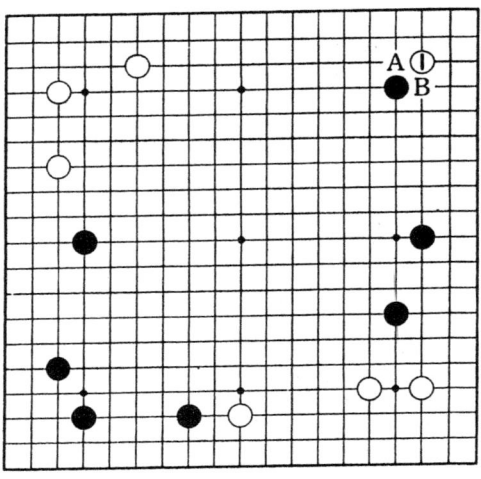

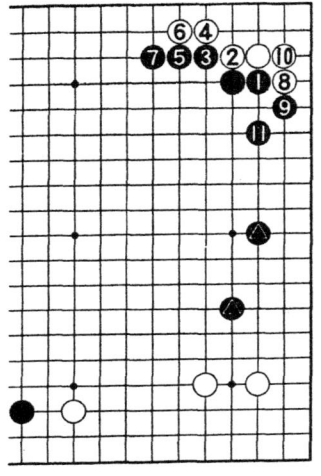

1도

벽 향하기

1도

흑1이 정착이다. 백2 에서 흑11까지는 이 형 에 있어서의 하나의 형. 흑은 귀의 집을 잃은 대 신 11까지로 집을 만드 는 벽이 있고, ◬의 두 수가 마침 벽에서의 벌 리기가 되어 있다. 그 때 문에 우변에 큰 집을 기 대할 수 있을 것이다.

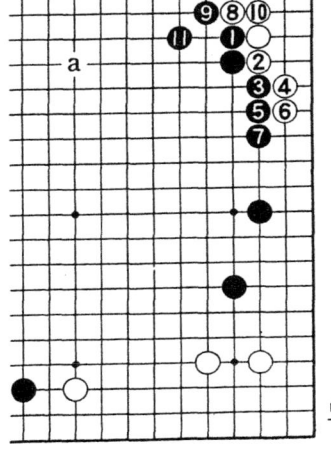

2도

2도

흑1로 받는 것은 방 향이 반대. 전도와 같은 요령으로 흑11까지가 예 상되는데, 흑의 벽이 상 변에 향해 있다. 그러나 상변은 흑의 벌리기가 없고, 다음에 백a로라도 쳐지면, 절각으로 되어 있는 벽이 집으로 연결 되지 않는다.

테마16 귀의 대책

중앙을 향해 세력을 만드는 것은 상당히 좋은 것이다.

지금 백 1로 친 때. 이 수의 목적은 △의 돌을 밖으로 도망치는 것보다도, 귀를 이용하여 빨리 살리려는 것이다.

그럼, 흑은 어떻게 칠까. 이 부분에 관해서는 흑A, 또는 B를 생각할 수 있는데, 또는, C 방면의 걸치기로 도는 것도 일책일지 모른다.

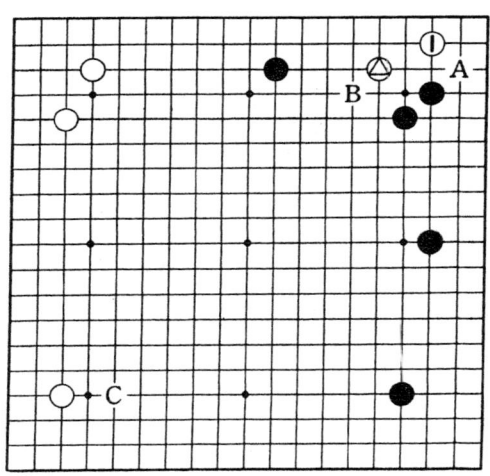

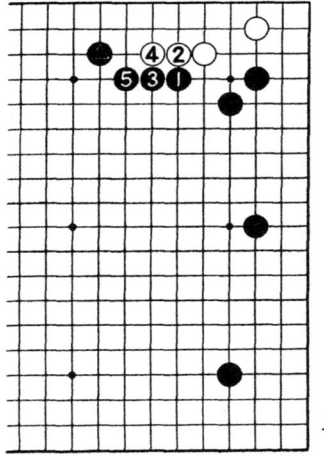

1도

세력을 만든다

1도

흑1이 좋은 수이다.
백은 2로 받아 살기를
구하므로, 흑5까지로 대
응하는 것에 의해 우상
귀 소목부터 ● 까지의
흑돌이 일련의 세력이
되었다. 우변 전체에서
중앙에 걸쳐 큰 흑집이
만들어진 것에 기대를 걸
수 있을 것이다.

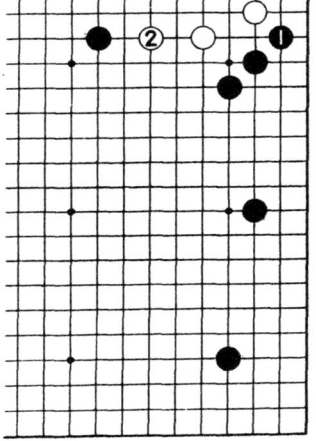

2도

2도

흑1은 소용없는 수.
백2로 안정되어 버리고,
전도와 같은 흑의 세력
은 되지 않는다. 흑1로
치는 정도라면 좌하귀
의 걸치기로 돌아야 할
것이다.

테마17 싸움의 조건

싸움의 유리, 불리는 주위의 돌의 배치로 결정된다.

포석도 슬슬 종반에 가깝고, 집을 지키는 수만이 아닌 싸우는 수도 생각해 간다.

다음은 백의 차례인데, A로 넣으면 싸움이 되고, 국면은 포석에서 중반으로 돌입하는 것이 될 것이다. 백B, C는 각각 집의 수비이므로 싸움은 되지 않는다.

세 가지 중에서는 어느 것이 적절한지 냉정하게 생각해 보자.

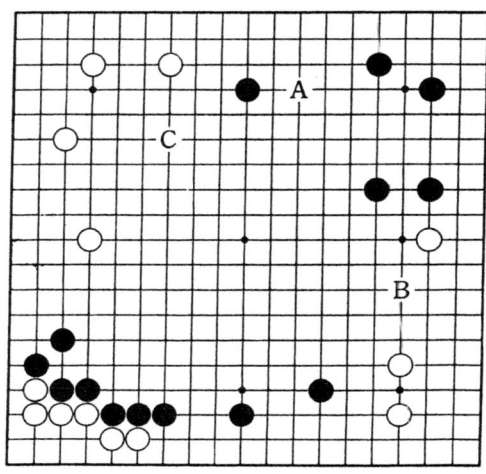

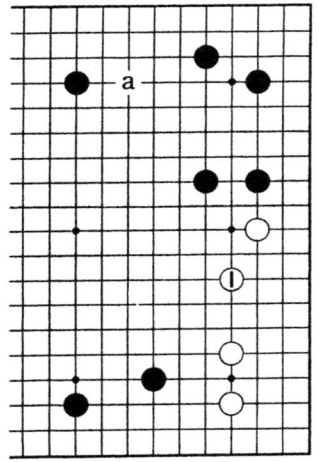

수비가 선결

1 도

백 1 로 지켜야 한다. 백 a 로 넣으면 싸움이 되지만, 흑의 세력이 강한 곳이므로 어려운 싸움이 될 것이다.

그것 보다도 차도를 보기 바란다.

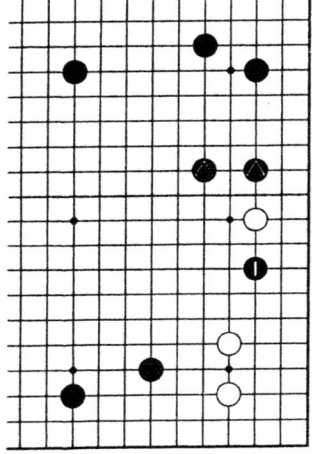

2 도

흑 1 로 넣었다면 어떻게 되는가. 이것도 싸움이 되지만, 배후에 ▲ 이 비어 있으므로 어느쪽인가 하면 백의 어려운 싸움이 될 것이다. 넣어져 고전을 초래한다면 그전에 지켜 두어야 한다.

바둑의 용어

—— 바둑의 별명에 다음과 같은 것이 있다.

오로(烏鷺) 까마귀는 흑, 백로는 백으로, 바둑돌의 색을 나타내고 있는 것.

난가(爛柯) 글자의 의미는, 도끼가 썩는다. 중국 전설로, 나뭇군이 산에서 길을 잃고 있을 때 신선이 바둑을 두고 있는 것을 만났는데, 그것을 보고 있다가 문득 정신을 차려보니 도끼의 자루가 썩어 있더라는 이야기.

귤중의 선 중국의 고사. 귤의 열매를 갈라 보자 안에서 신선이 바둑을 두고 있었다는 이야기. 바둑을 즐기는 노인을 귤 중의 선이라고 하고, 바둑을 두는 것을 귤 중의 청유(淸遊)라고도 한다.

수담(手談) 말을 하지 않아도 바둑판 위에서 마음이 서로 통함.

—— 다음은 '수(手)'에 관한 용어

수(手) 수단을 말함.

수합(手合) 바둑을 치는 것.

상수(上手), 하수(下手) 대국자 중 강한 쪽이 상수, 약한 쪽이 하수.

묘수(妙手) 멋진 수.

호수(好手) 좋은 수.

악수(惡手) 나쁜 수.

실착(失着) 매우 나쁜 수.

본수(本手) 맥에 맞는, 본격적인 수.

틀린 수 본수의 반대어로, 맥이 틀린 수.

속수(俗手) 속된 수로, 틀린 수에 가깝다.

맥 돌의 움직임에는 '맥'이라는 것이 있고, 맥의 효과를 최대한으로 발휘하는 수다.을 말한다.

패착 패인이 된 수.

선수·후수 상대가 반드시 받기를 필요로 하는 수가 선수. 받기를 필요로 하지 않는 수는 후수이다.

손 빼기 받지 않고 다른 곳으로 돌아버리는 것.

승부수 형세가 나쁠 때, 이기느냐 지느냐의 승부가 나는 수.

—— 다음은 바둑의 형세에 관한 용어

형세판단 국면의 여러 가지 요소를 읽어 어느 정도 우세인가, 또는 어느 정도 형이 나쁜가를 판단하는 것. 이에 의해 앞으로의 치는 방법도 달라져 간다.

비세 형세 불리.

승세 우세의 정도가 커 승리를 거의 손안에 넣은 국면. 그 반대는 패세.

형세 불명 예상을 허락치 않는 백중한 형세.

목산(目算) 바둑 도중 대강 쌍방의 집을 계산하는 것. 형세판단의 토대가 된다.

잔바둑(細碁) 차가 적은 바둑. 이겨도 져도 5집 이내 정도라면 잔바둑이라고 할 수 있을 것이다.

비긴 바둑 하나 비김을 경계로, 한 집 승리나 한 집 패 정도라는 잔바둑. '비긴 바둑 하나의 형세' 등이라고 한다.

불계승 상대가 돌을 던짐에 의해 승부가 나는 것. 이기는 쪽은 '불계승', 지는 쪽은 '불계패'이다.

꾸밈 바둑 잔바둑으로, 불계승이 되지 않고 최후까지 놓여지는 바둑.

──국면의 양상에 관한 용어.

포석 굳힘이나 벌리기를 쳐 대강 집을 취하는 자세를 보이는 단계. 대개 20수 정도까지가 포석의 단계이다.

초반 포석을 포함하여, 싸움의 초기까지의 단계를 말한다.

중반 싸움의 중간 시기.

종반 싸움이 끝날 경부터 종국까지의 단계.

대 종반전 싸움이 막 끝난 때로, 큰 종반전의 수가 남아 있는 단계이다.

소 종반전 대 종반전이 끝난 다음, 종국까지의 종반전의 단계를 말한다.

승부소 승부의 명암을 결정한다고 생각되어지는 중요한 국면.

제2장

실전의 중반

승패를 결정하는 가장 큰 요인은 뭐니 뭐니 해도 싸우는 방법의 좋고 나쁨이다. 중반전에 들어가면 돌의 강약에는 더욱 주의해야 한다. 그리고 싸우면서 집을 만든다는 본래의 목적도 잊지 않도록 한다.

테마 1 백집을 늘렸는데 ……

자신의 집을 늘릴 뿐 아니라, 상대의 집을 줄이는 일도 ……

백 1 의 날일자로 친 것은 ● 의 벌리기를 위협하면서 아래쪽 백의 집을 늘리려는 것이다. 친 본인은 내심 만족하고 있겠지만, 실은 백 1 은 그다지 좋은 수라고는 할 수 없다. 그것은 무엇 때문일까. 또, 백 1 에서는 어디로 쳐야 할 것인가.

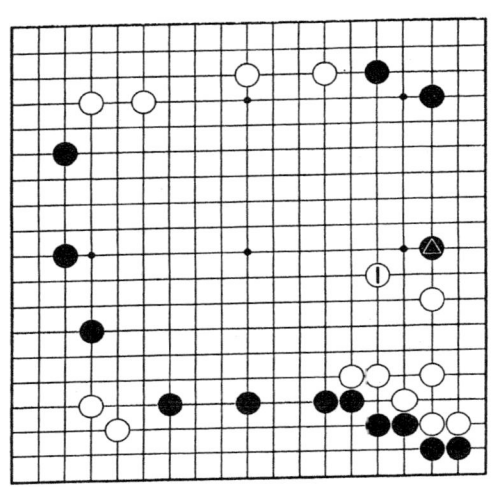

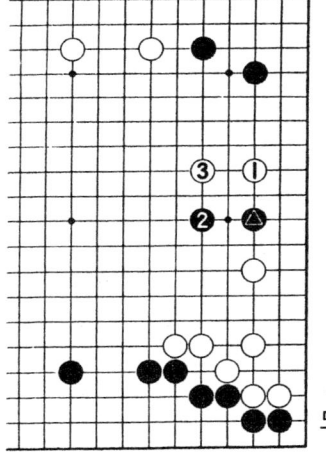

1도

뛰어들기의 찬스

1도

백1로 흑의 벌리기를 갈라야 한다. 이것을 '뛰어들기' 라고 하는데 뛰어들기에 의해 흑집을 줄이고, 동시에 ● 을 공격하려는 것이다. 흑2라면 백3. 아래쪽의 백이 강하기 때문에 흑두점이 강하게 느껴질 것이다.

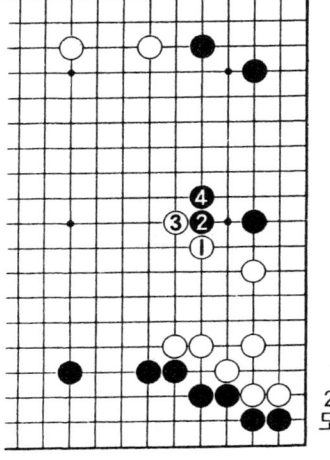

2도

2도

테마도의 백1은 절호의 뛰어들기 찬스를 망쳤다. 흑2·4로 쳐져 흑의 벌리기의 폭이 집이 될 것 같다. 그렇게 되면 백의 집이 느는 것 이상으로 흑의 집이 늘어나 버린다. 백1의 작전은 계산이 맞지 않는다.

테마2 결함을 남기고

단수가 있는 형에는 집을 빛낼 것.

다음은 백의 차례.

주의해서 잘 보면 흑의 진형 어딘가에 상당한 결함이 있다. 대국자는 두 사람 모두 그것을 알아 차리지 못하고 다른 것을 놓으며 전진하고 있다. 어디에 무엇이 있는지 여러분은 알아 차렸는가.

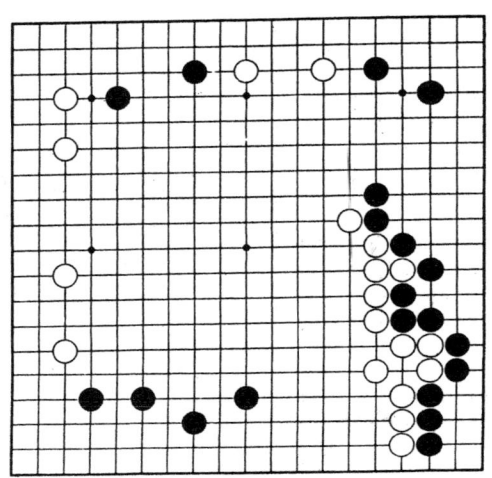

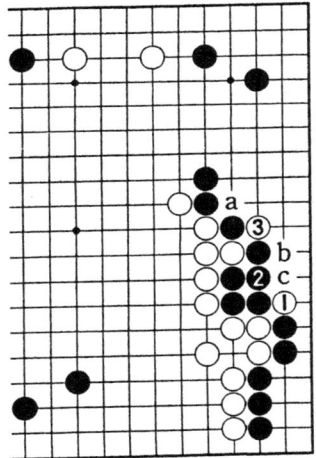

흑집이 깨진다

1도

백 1 로 단수를 걸고, 흑 2 로 붙인 때 백 3 의 단수가 있다. 흑 a 로 붙이면 백 b, 또 흑 c 라면 백 a 로 취해 버림으로, 아뭏든 흑에 치명상을 준 것이 될 것이다.

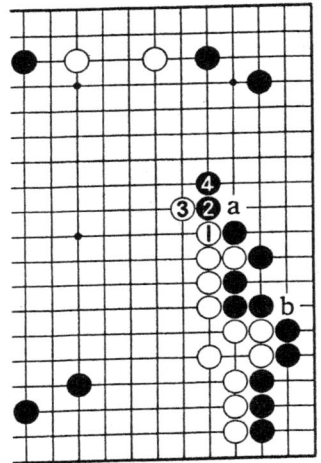

2도

테마도가 만들어진 경과인데, 백 1 에 대한 흑 2 가 이미 실패. 2 는 a 가 아니면 안된다. 백 3 에서는 이미 b 가 성립한다. 흑 4 에서도 a 로 이으면 재난을 피할 수 있었던 것이다.

테마 3 결착을 붙인다

싸울 때, 종석(種石)을 취해 버리면 두말 할 것 없이 유리해진다.

흑의 차례.

첫점은 좌하의 싸움이다. ▲와 △으로 서로 싸워 성가신 형을 하고 있지만, 흑은 절호의 찬스를 맞아 유리하게 결착을 할 다음 한 수가 있다.

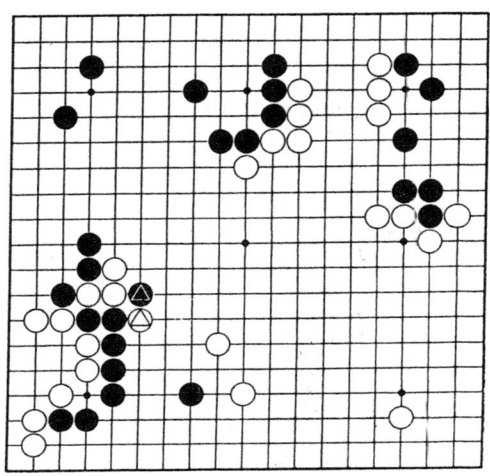

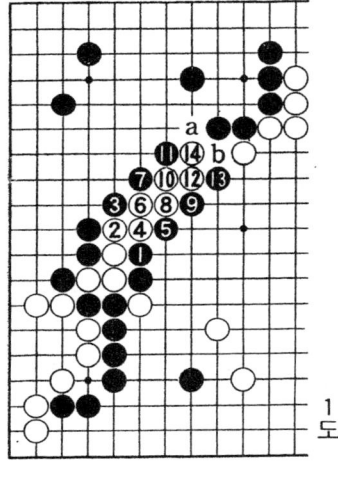

1 도

축

1 도

흑1에서 단수를 걸어 축이 성립하는 것이다. 이 세 점을 취하면 두말할 것 없이 유리할 것이다. 단, 백2로 도망친 경우 축 쫓는 방법을 머리속으로 확인해 두어야 한다. 백14 때 흑a는 백b로 도망치게 하므로——

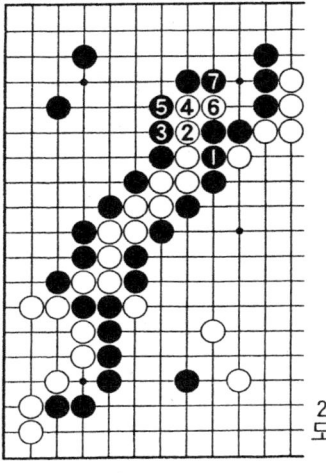

2 도

2 도

흑1이 중요. 백2라면 흑3, 5로 쫓고 7까지로 잡힌다.

또다시 테마도를 보고 머리속으로 축 읽기 연습을 하도록.

테마 4 특대(持大)의 수

바둑은 최초, 어디에서부터 시작할 것인가를 생각해야 한다.

다음은 흑의 차례. 큰 것이 어디인가 생각해 보면 A, B, C, D 각 점이 눈에 들어온다. 이 네 군데 중에서 가장 큰 곳은 어디인가를 생각했는가.

그곳은, 지금까지 놓이지 않고 방치되어 있는 것이 부자연스럽게 느껴질 정도로 큰 곳이다.

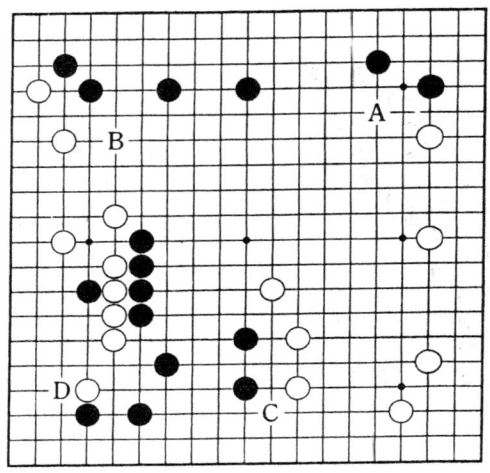

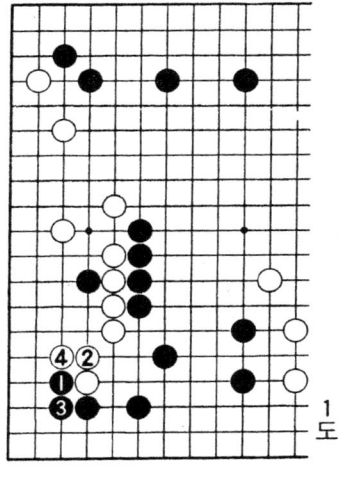

1
도

귀가 크다

1도

흑1이 최대이다. 귀의 집은 특히 크다는 것을 잊지 않도록. 백2라면 흑3으로 단점을 이어 두는 것이 중요한 수이다. 이어서 백이 좌변을 지키기 위해서는 백4의 누르기이다.

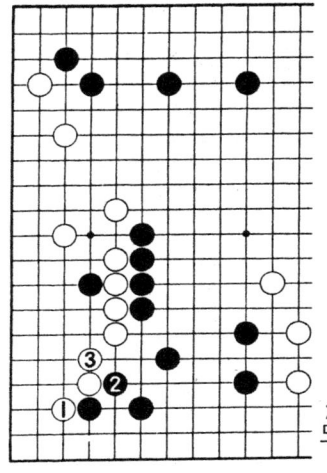

2
도

2도

백이 친 때는 1. 가령 흑2, 백3을 예상해도 큰 백집이 될 것이다. 이 백집이 변하여흑집이 되어 있는 것이 전도. 그 차는 큰 것이다.

테마 5 집을 늘린 죄

눈 앞의 이익에 눈이 멀어 큰 목표를 잃는 일 없도록.

백1로 친 것은 귀의 집을 조금이라도 늘리려는 것이다. 분명히 느는 것은 사실이다. 그러나 그것 보다도 흑2로 쳐져 죄가 된다는 것을 알아야 한다.

백1의 죄란? 그리고, 백1은 어떻게 쳐야 했던 것인가?

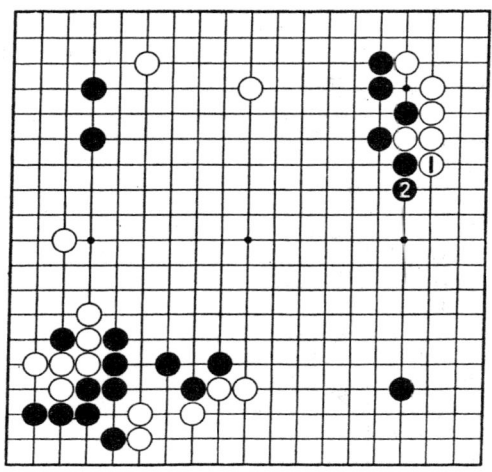

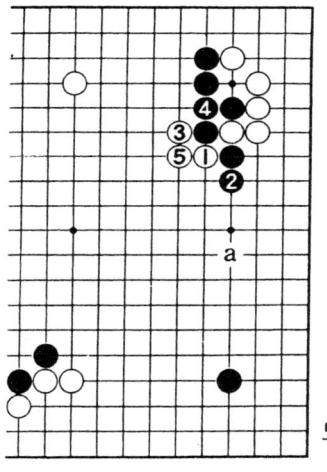

1도

끊기가 강력하다

1도

백 1로 끊어야 했다. 흑 2로 뻗으면, 가령 백 3·5로 치는 것으로써 흑 다섯 점을 공격하는 태세가 된다. 또 아래쪽 의 흑 두 점에 대해서 도 백 a 등으로 공격을 겨냥할 수 있는 것이다.

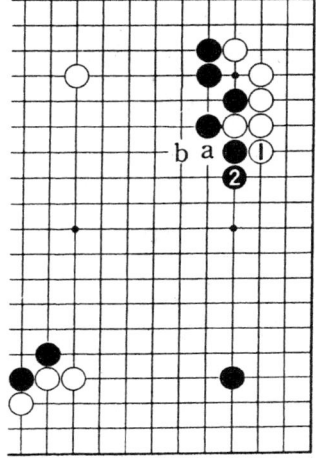

2도

2도

백 1, 흑 2의 응접을 해 버리면 이미 백 a의 끊기는 칠 수 없다. a로 끊어도 흑 b로 축에서 취 해져 버리기 때문이다.

테마6 접촉전 읽기

공배의 수가 2수 대 3수인 서로 공격이 된다.

우상귀에서 격렬한 접촉전이 실시되고 있다. 지금 백 1로 끊고 흑 2로 뻗은 때. 다음에 백 A로 쳐야 할 것인가, B로 쳐야 할 것인가를 생각한다.

접촉전에 있어서는 한 수의 미스가 치명적이 되는 경우가 많으므로 두세 수 앞까지 잘 읽어야 한다.

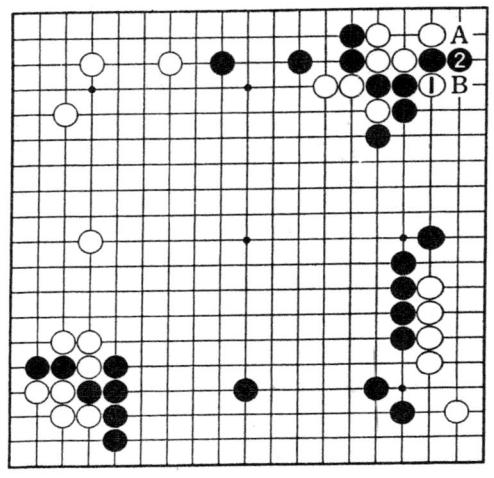

잡힌다

1도

백1로 누른다. 흑2 라면 백3으로 도망치고, 그 순간 흑 세 점이 단 수가 된다는 것을 알 수 있을 것이다. 이어서—

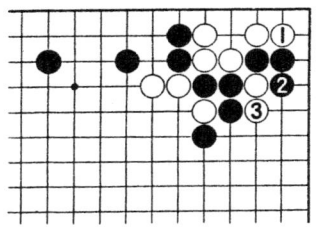

1도

2도

흑1로 잇지 않으면 안되므로 백2로 눌러 귀 의 흑 세 점을 취할 수 있다.

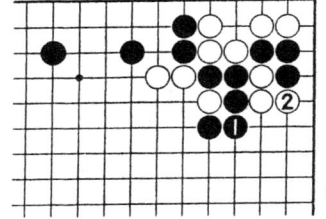

2도

3도

백1은 악수. 흑2에 서 4로 움직여 백 다섯 점을 구할 수 없다. 이 것이 취해지면 대손실 이다.

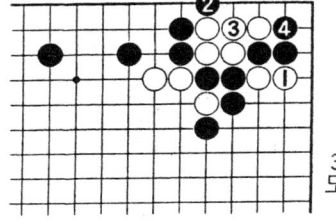

3도

테마 7 쳐져 곤란한 곳

집의 증감 보다 돌의 생사 문제가 크다.

백의 수순인데, 어디로 치는 것이 클까.

A는 흑 한 점을 완전하게 포위하는 수.

B는 약한 백 다섯 점을 도망치는 수.

C, D는 각각 포석의 단계에서 자주 쳐지는 수이다.

착수를 정하는 한 방법으로써, 상대에게 먼저 쳐지면 가장 곤란한 곳은 어디인가를 생각해 보는 것이 좋을 것이다.

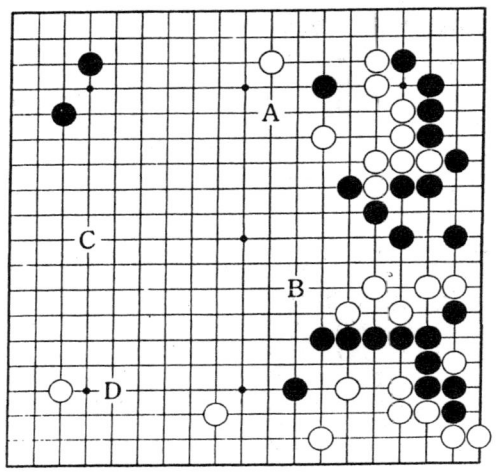

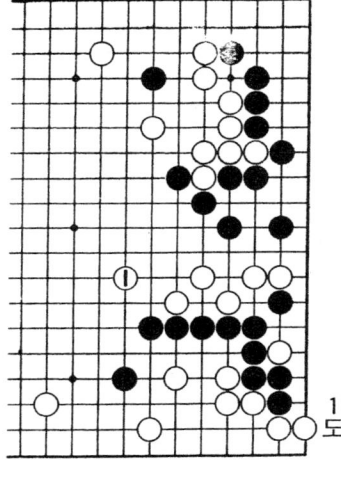

1도

잡히면 곤란

1도

백1로 도망쳐 두지 않으면 걱정되어 견딜수가 없다. 백1로 쳐도 아직 안심은 할 수 없지만, 우선 강력한 공격을 당하는 일은 없을 것이다.

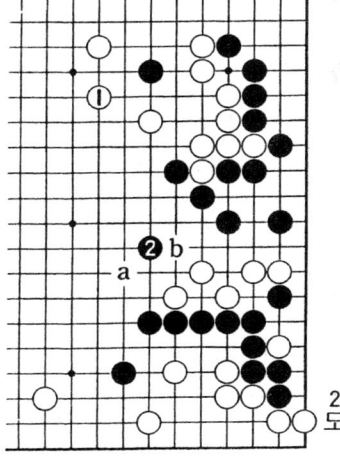

2도

2도

가령 백1로 쳤다고 하고, 흑2와 같은 강력한 수를 쓴다면 어떻게 될까. 밖으로 도망치는 수가 없고, 게다가 두 눈이 만들어지지 않는다면 죽어 버린다. 흑2에서 달리 a나 b로 쳐져도 괴로울 것이다. 그것에 비하면 백1은 아직 작은 수이다.

테마 8 중요한 돌을 분별한다

그 돌을 취해 자신의 약한 돌이 없어지면 효과적이다.

백 1로 끊고 흑이 2로 도망친 때이다. 돌이 깊이 파고 들어가 까다로운 싸움이지만, 이런 때는 어떤 돌을 취하면 가장 좋을지를 생각해 본다. 분별없이 단지 돌을 취하면 좋다는 것이 아니다.

그럼, 백은 어떻게 할까.

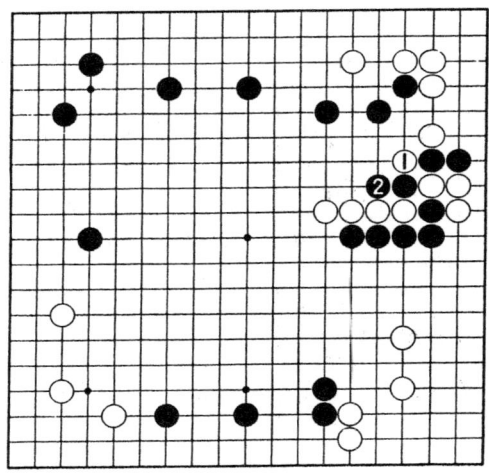

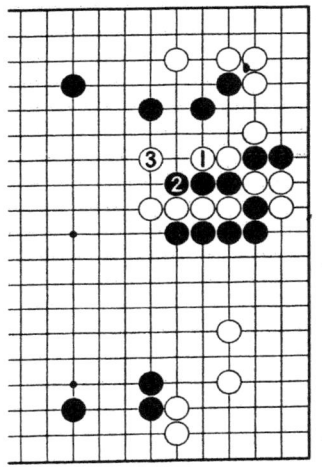

장문으로 잡는다

1도

백 1로 단수를 걸고, 흑 2 때 백 3의 장문이 있다. 백 3의 수를 알아차리는가 어떤가가 포인트이다.

1도

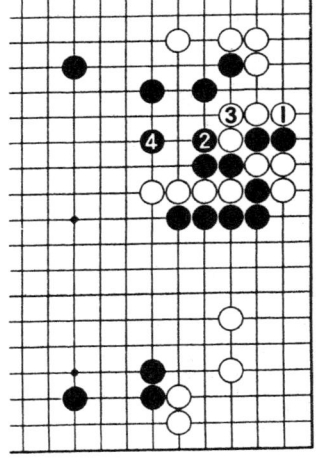

2도

백 1은 눈 앞의 이익에 얽매인 실패안이다.

흑 2·4로 쳐져, 밖의 백 네 점이 공격당하는 돌이 되었다.

이런 접촉전에서는 제일 효과적인 수를 침착하게 생각해야 한다.

2도

테마 9 단수의 때

단수의 내용에도 여러 가지가 있다.

백 1 로 단수된 때 흑은 당연 2 로 잇기를 칠 것인데, 이것은 문제이다.

단수가 걸리면 무엇이든 잇지 않으면 안된다 하는 생각에서는 일찍 졸업해야 한다.

흑 2 는 어떻게 쳐야 할 것인가.

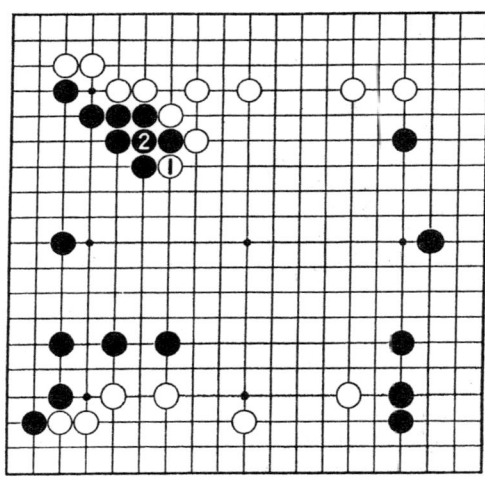

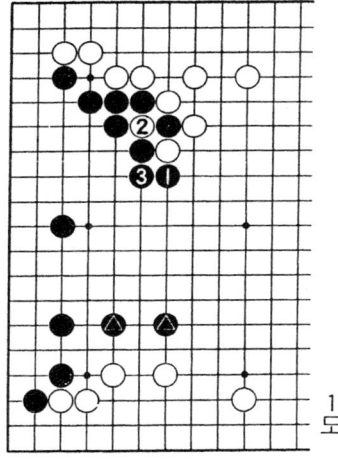

1도

집이 된다

1도

단수의 돌은 잇지 않고, 반대로 흑1로 단수를 거는 것이다. 백2로 취한 때 단단히 흑3으로 단점을 잇고 있으면 좋다. 흑1·3에 돌이 가해진 것에 의해 아래쪽 ▲과의 사이가 집이 될 듯하다. 차도와 비교해 본다.

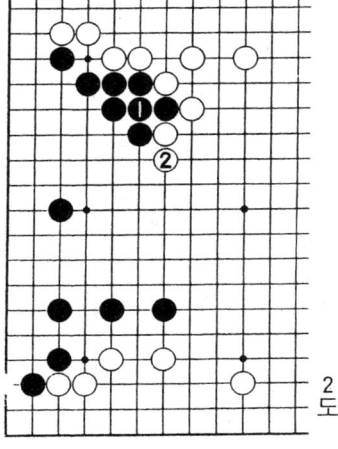

2도

2도

테마도는 흑1로 이었는데, 그렇게 하면 백2로 뻗어진다. 전도와의 비교에 있어서 백2는 흑집을 크게 지우는 수가 되어 있는 것을 알수 있을 것이다. 단 한 집을 아까워하여 백에게 큰 수를 놓여지게 한 것이다.

테마10 허리가 뻗는다

약한 돌은 단단한 형으로 연락을 유지할 필요가 있다.

하변이 전쟁 양상이 된 때, 지금 백1로 쳤지만 이 눈목자는 허리가 너무 뻗어 있다. 하변 한 칸 뛰기의 백 세 점이 약하므로 견실하게 백 A의 한 칸 뛰기를 해야 한다.

허리가 너무 뻗은 것을 찔러 흑2로 붙인 것은 대 히트. 이것을 고비로 해서 바둑은 흑이 우세해져 있는데, 왜 흑이 좋아졌는가를 좀더 검토해 보자.

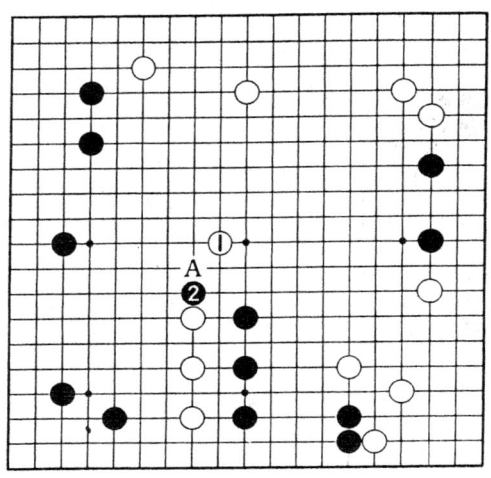

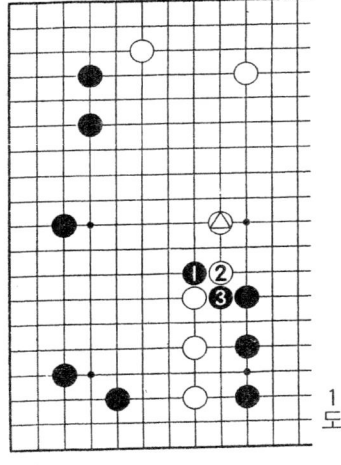

1도

눈목자를 절단

1도

흑1의 붙이기에 대해 백2라면 흑3의 끊기이다. △은 하변의 세 점이 도망칠 생각으로 쳤는데, 연락이 끊겨서는 아무것도 되지 않는다.

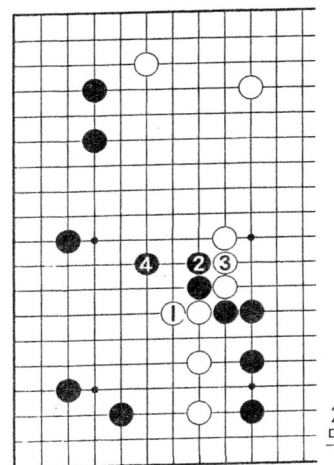

2도

2도

전도에 이어 싸움의 예상도를 그려 본다.

백1이라면 흑2·4의 요령. 하변의 백 네 점이 흑에게 크게 포위되어 있다는 것을 알 수 있을 것이다. 백 고전이라고 하지 않을 수 없다.

테마11 빼앗기

빼앗기는 버린 돌의 테크닉을 사용한다.

백 네 점을 빼앗기로 취할 수 없을까 하고 생각, 흑1
로 쳤다. 백2 때 흑3이 빼앗기에 의한 테크닉이지만,
결과는 잘 되어가지 않는다. 이 뒤, 흑a라면 백b로 잇는
다.

본래 빼앗기가 되지 않는 형이었을까? 아니, 그렇지는
않다. 잘 치면 빼앗기가 성립하는 것이다. 흑1에서부터
다시 해 본다.

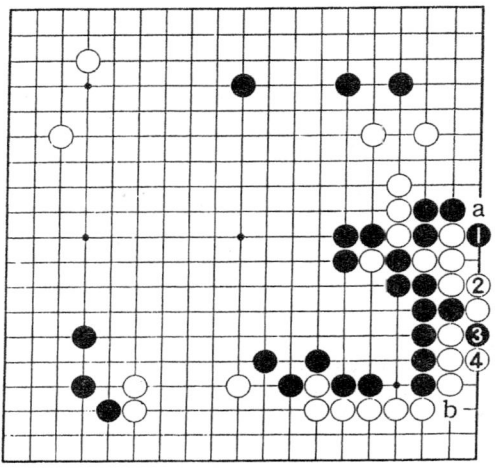

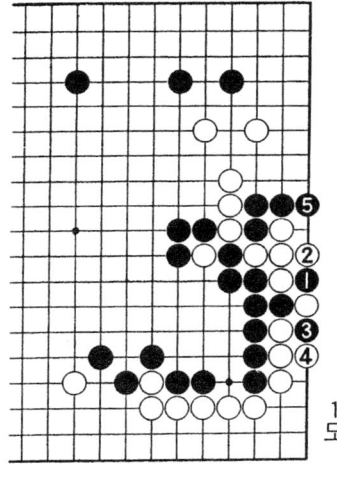

수순이 중요

1 도

흑 1 에서부터 친다. 백 2 로 취하게 한 다음, 흑 3 도 중요한 수순. 백 4 때 흑 5 이다.

흑 3 을 치지 않고 5 는 백 3 으로 이어져 실패이므로 뒤에 확인해 본다. 또 흑 5 뒤는──

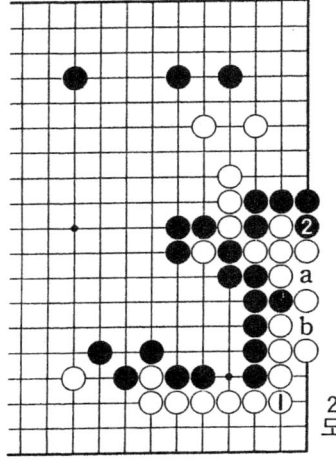

2 도

백 1 로 이어도 흑 2 의 단수로 빼앗기가 되어있다. 백 1 에서 a 로 이어도, b 로 이어도 빼앗기를 피할 수 없다는 것을 알 것이다.

테마12 타격을 준다

날카로운 수가 있다고 하면 돌이 복잡하게 얽혀 있는 패이다.

흑의 차례인 국면이다.

멍하니 바둑판을 보고 있기만 해서는 A, B, C 주변이 좋은 수처럼 보이지만, 좀더 좋은 수는 없을까 하고 눈을 동그랗게 뜨고 보면 있다, 있어 멋진 한 수가…… 백에 큰 타격을 줄 수 있는 한 수를 발견하라.

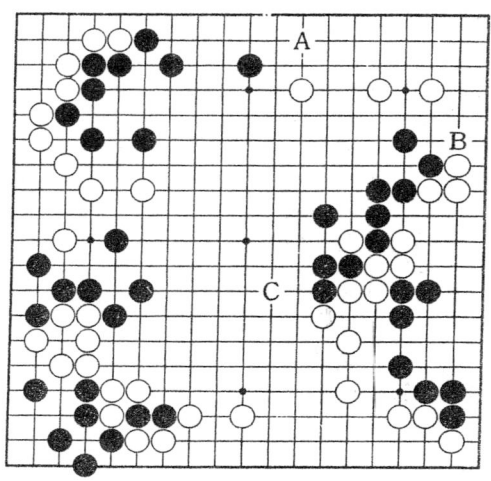

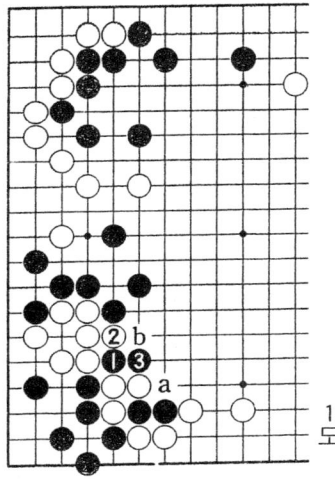

1
도

절단

1 도

흑 1 의 끊기를 발견했는가. 백 2 로 내어가면 흑 3 으로 백 세 점이 단수가 되고, 백 a, 흑 b 로 백 7 점을 취할 수 있다. 흑 3 의 뒤, 백 b, 흑 a 가 되어도 백은 괴롭다.

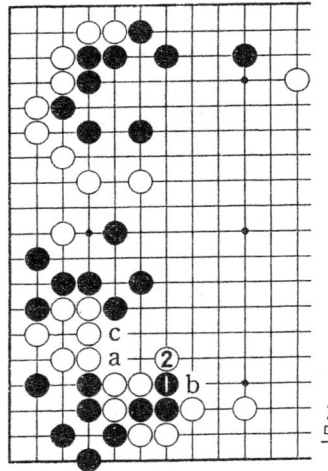

2
도

2 도

흑 1 로 도망치는 것은 백 2 에서 취해져 버린다. 백 2 뒤, 흑 a, 백 b, 흑 c 로 칠 수는 있지만, 흑 1 은 헛된 버림돌이다. 그것은 전도와 비교하면 알 수 있을 것이다.

테마13 집을 넓히는 방법

집을 최대한으로 넓히는 때는 상대와의 경계선에 주의할 것.

흑1로 쳤다. 하변의 흑집을 중앙으로 부풀려 상당히 좋은 수이다.

그러나 백 점 만점이라고는 할 수 없다. 하변의 흑집을 넓히는 최선의 수를 탐색해 보기로 하자.

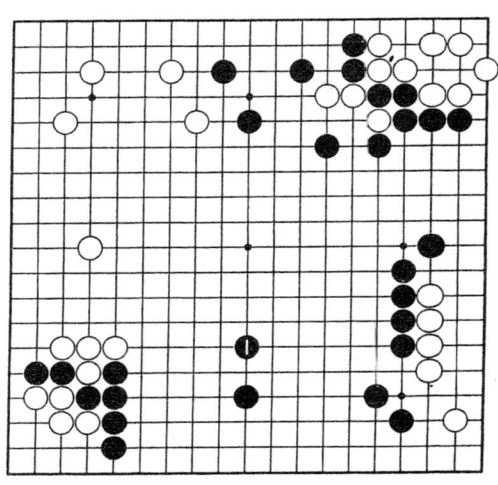

최대한으로

혹1. 이 백의 머리를 누르는 것이 하변의 흑집을 최대로 넓히는 수가 된다.

백2이면 또 흑3. 백4에도 흑5로 눌러가는 것이다. 어떤가. 흑집이 매우 넓어져 가는 것을 알 수 있을 것이다.

좌변의 백집도 늘어나 있으나, 흑집의 스케일 쪽이 단연 크므로 마음 쓸 것 없다.

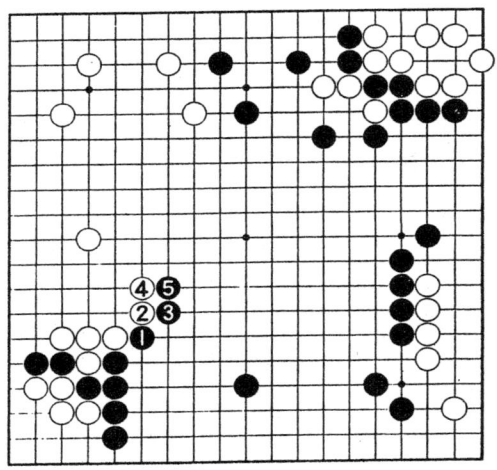

테마14 되치기

속단하지 말고 다시 한번 선수를 읽는 습관을……

K씨가 백1로 친 뒤 L씨는 잠시 생각한 다음 흑2로 이었다.

L씨 '손을 빼면 되쳐져 잡혀 버리겠지'

K씨 '그것을 노렸는데, 알아차려 버렸나'

두 사람이 생각하고 있는 것이 어딘가 이상하지 않은가.

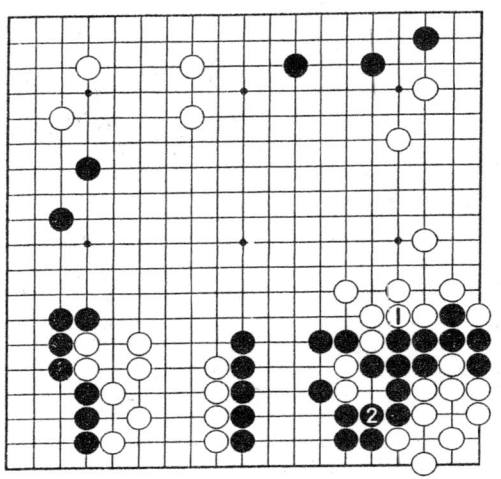

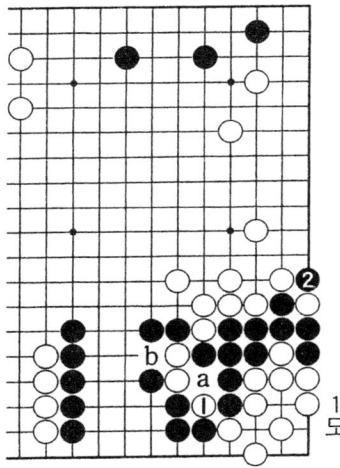

1도

손 넣기는 불필요

1도

손을 넣을 필요는 없었던 것이다. 백1로 되칠 듯이 보이지만, 흑2로 취하는 수이며, 이어서 백a에는 흑b로 취해 버린다.

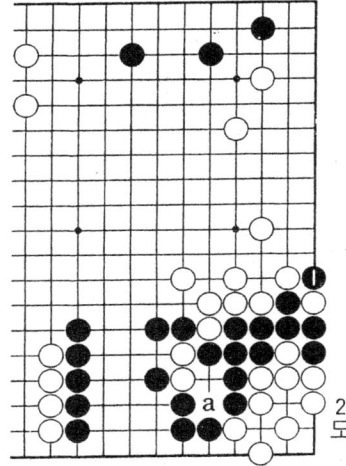

2도

2도

손을 넣을 필요는 없었으나, 가령 손을 넣었다 하더라도 흑a가 아닌 1로 취하는 편이 훨씬 낫다.

L씨는 넣지 않아도 될 곳에 손을 넣었고, 게다가 손 넣는 방법도 틀린 것. 경솔한 사람이다.

테마15 주의할 곳

포위된 때, 한 눈이나 두 눈 절박한 돌이 있다.

흑의 차례.

집의 개척이라는 점에서는 A의 벌리기나 B의 걸치기가 큰 수이지만, 중반전에서는 좀더 돌의 싸움이라는 면에 눈을 두어야 한다.

공격하면서 집을 만든다. 바둑에서 이것이 최고의 전개이며, 그런 곳은 절대로 놓치지 않도록 해야 할 것이다.

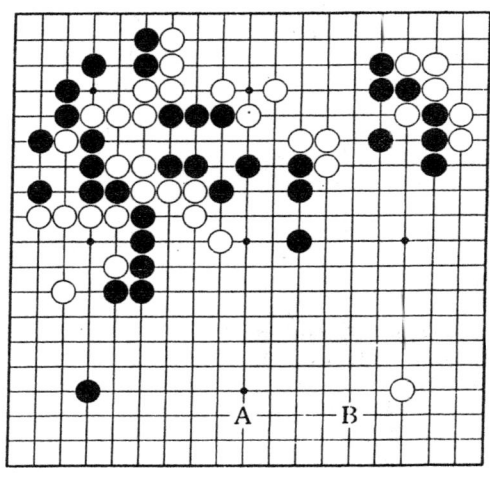

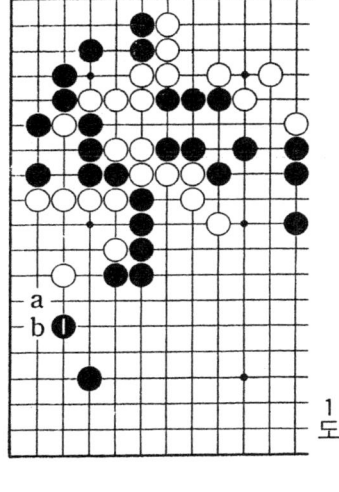

1 도

한 눈밖에 없다
1 도

흑1이 공격하면서 집을 만드는 수이다. 이것에 대해 백이 손 빼기를 하는 것은 위험하고, 무엇인가 살 길을 기해야 하는데, 예를 들면 백 a라면 흑b로 응하고, 좌하귀의 흑집이 자연히 굳어진다는 것이다.

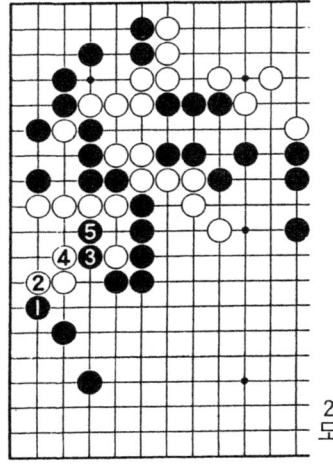

2 도

2 도

다짐해 두기 위해 백이 손 빼기를 한 경우를 생각해 보자.

흑1에서 3·5의 요령으로 밖에서부터 조여가면 백은 아무리 버텨도 한 눈밖에 없는 형. 역시 손 빼기는 위험하다.

테마16 바둑판을 보는 눈

완전히 죽어 있는 듯이 보이는 돌이라도 뜻밖의 작용을 한다.

입문자, 초급자가 바둑에 강해지기 위해서는 뭐니 뭐니 해도 횟수를 거듭해야 한다. 서로의 돌이 어떤 상태가 되어 있는가, 여러 가지 일을 직접 대하는 것이 중요하기 때문이다.

다음은 흑 차례인데 좌변이 어떤 상황이 되어있는가를 보고 멋진 수를 발견하기 바란다.

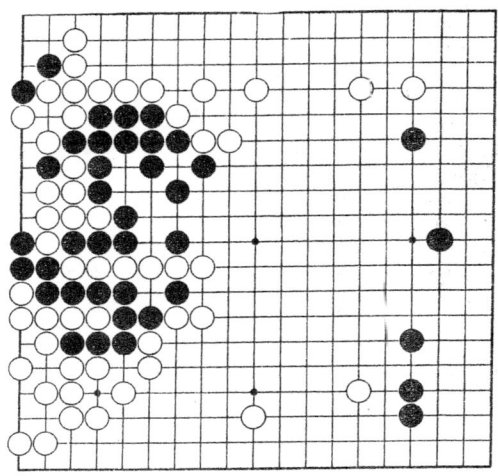

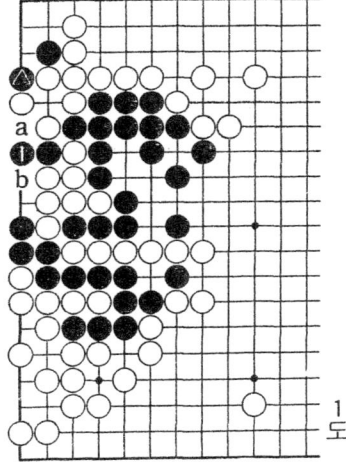

1도

7점이 잡힌다

1도

흑1의 수를 발견할수 있었는가. 이에 대해 백 a는 세 점이 단수가 되어 버려 칠 수 없고, 백 b도 자신의 돌이 단수가 된다. 이렇게 되면 백은 어쩔 수 없이 7점을 잡혀 버리는 것이다. 게다가, ▲은 뜻밖의 역할을 하고 있다.

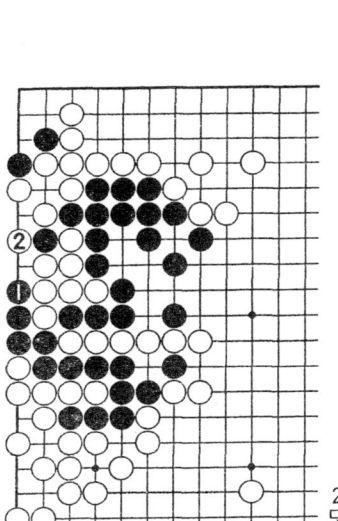

2도

2도

실전의 대국자는 전도를 알아 차리지 못하고, 흑1로 단수를 걸어 백2로 취하게 해 버렸다. 절호의 찬스를 놓치고, 이것으로는 흑 십수점의 돌이 취해져 버려 패세의 바둑이다.

테마17 패와 패 세우기

패를 되취하기 위해 친 수를 패세우기라고 한다.

흑이 1로 취한 때이다. 백 세 점이 단수가 되어 있는데, 백a로 잇는다면 어떻게 될까. 그렇다. 백은 한 눈밖에 없어 전부 죽어 버린다.

그렇게 되어서는 큰일이므로 어떻게 해서든지 도울 방법을 생각해야 한다. 백으로써는 흑1의 돌을 되치고 싶겠지만, 패이므로 곧 되칠 수는 없는 것이다.

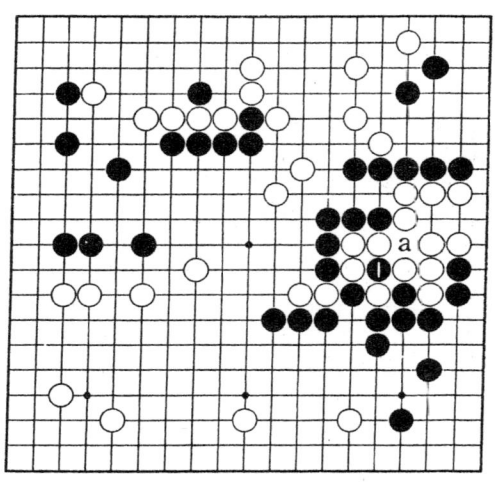

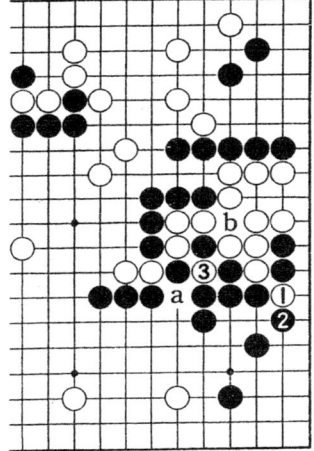

1
도

살기를 기하는 패 세우기

1도

백1의 끊기는 '두 점 주세요'라는 수. '싫어요'라고 흑2로 치면 백3으로 되취할 수가 있다. 백1은 백3으로 되취하기 위한 절차로, '패 세우기'라는 것이다. 다음에 흑도 다른 곳에 치지 않으면 안되는데, 그때 백a로 취해 버리면 좋다. 백3에 대해 흑a로 잇는다면, 백도 뺀 뒤 (3의 위)에 잇고, b가 한 눈이 되므로 살기이다.

2도

백1에 흑2로 취하면 백3으로 ▲이 취해지므로 역시 살기를 얻을 수 있다.

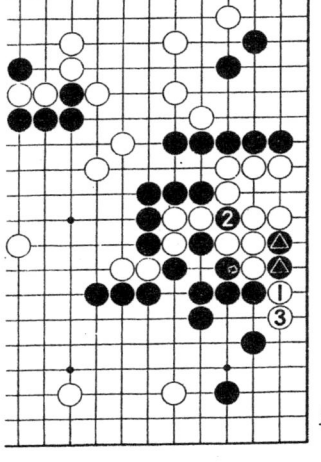

2
도

바둑의 격언

'단수, 단수의 서툰 바둑이구나'

단수는 장기에서 왕수(王手)를 거는 것과 같아, 반드시 좋은 수는 아니다. 초급자가 단수를 걸고 싶어하는 것은 상대가 손을 빼면 돌이 잡히기 때문이지만, 그런 생각을 해서는 안된다.

'돌 취해 바둑에 이길 수 없다'

돌을 취하면 기분은 좋을 것이지만, 바둑의 목적은 돌을 취하는 것이 아니고 상대보다 많은 집을 만드는 것이다. 돌을 많이 취해도 승부에 지면 어쩔 수 없다.

'돌이 날면 그 바둑에서 이길 수 없다'

친 때, 돌이 날면 안정감이 없다는 증거. 좀더 평정된 마음으로 대국에 임할 것.

'끊은 다른 한쪽을 뻗어라'

1도

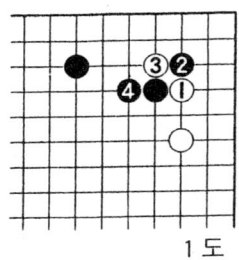

1도

백1, 흑2 때 백3으로 끊은 형이 비스듬히 끊기. 쌍방의 돌이 교차하는 형이 된다. 이에 대해 백 돌에 단수를 걸지 않고 끊긴 한쪽의 돌을 뻗는 것이 간명하다고 가르친다. 예를 들면 흑4와 같은 것이다.

'한 칸 뛰기에 악수 없다'

한 칸 뛰기는 돌의 발전의 기본적인 형으로, 한 칸 뛰기로 진출하는 수에 나쁜 수는 없다.

'공격은 최대의 방어이다'

적을 공격하는 것에 의해 자기편의 약점을 커버한다는 싸움의 요령.

'바둑에 이기고 승부에 진다'

시종 미는 기분으로 전진하면서 엉뚱하게 치거나 하여 저버리는 것.

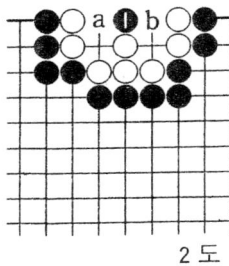

2 도

'좌우 동형 중앙에 수 있다'

좌우 동형은 중앙에 급소가 있다는 의미. 2도의 백은 좌우 동형으로, 중앙에 해당하는 흑1이 급소이다. 백은 공배 막힘이므로 a, b로도 칠 수 없고, 두 눈의 여지가 없는 죽음이 된다.

'죽음은 젖힘에 있다'

상대의 품을 좁히는 것이 눈을 빼앗는 기본 테크닉. 3도의 흑1이 젖히기의 수단으로 간단하게 백사가 된다. 백a라면 흑b. 흑1에서 b로 쳐도 죽일 수 있지만, 흑1쪽이 생각하기 쉬운 수일 것이다.

3 노

'축 모르고는 바둑을 치지 말라'

축은 돌을 취하는 기본 수단이다. 게다가 축을 자칫 실수하면 큰 손해를 보므로, 축을 모르고 있으면 곤란하다.

'공격하면서 집을 취하라'

바둑에 있어서 가장 중요한 생각이다. 돌을 취하려고 해도 간단하게 취할 수는 없다. 공격하면서 집을 만드는 수를 발견하는 것이 싸움의 요령이다.

'큰 돌을 죽일 수 없다'

큰 돌은 그만큼 여러 가지 맛을 갖고 있으므로 잡힐듯이 보여도 간단하게는 죽지 않는 것이다.

'적의 급소는 자기편의 급소'

적의 급소에 해당하는 지점은 자기편에 있어서도 급소라는 것.

'네 귀가 취해져서는 바둑을 이길 수 없다'

귀는 집을 만드는데 가장 유리한 곳. 네 귀 모두 적에게 취해져서는 지고 말 것이다.

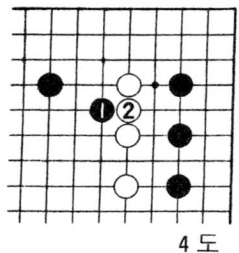

4 도

'빼기에 잇지 않는 바보는 없다'

4 도

흑 1 과 같이, '다음에 끊어야지' 하는 수가 빼기이다. 빼기가 쳐지면 백 2 로 잇는 것이 상식이라는 것.

그러나, 때로는 빼기에 잇지 않는 일도 있다.

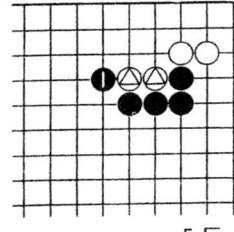

5 도

‘두 집의 머리, 보지 말고 젖혀라’

5 도

◎의 두 점에 관해 흑 1 이 그 머리에 해당하는 지점. 흑 1 은 백의 왼쪽으로의 발전을 저지하는, 각별히 큰 수이다.

두 집에 한하지 않고, 세 집이라도 네 집이라도, 그 머리를 젖히는 수는 좋은 수가 된다.

제3장

실전의 종반

바둑의 종반은 작은 전투이므로
포석이나 중반과 같은 화려함은 없
지만 차가 작은 바둑이라면 종반
패로 승부가 결정되므로 경시할 수
없다. 게다가 돌수가 많아져 있어,
실수를 하기 쉬운 것도 종반이다.

테마 1 이대로 백집 ?

본 느낌으로 일찍 합점을 해서는 안된다. 실제로 쳐 보는 것이다.

우변에서 중앙에 걸쳐 도대체 어떻게 되어 있는지 마음에 걸리지만, 대국자는 이것을 뒤로 해 두고 다른 종반 패를 치고 있다라는 것은, 두 사람 모두 중앙의 혹은 이대로 죽어 있고, 전부 백집이라고 합의하여 치고 있는 것일까. 그렇다면 백집이 너무 커, 승부는 경백한데……

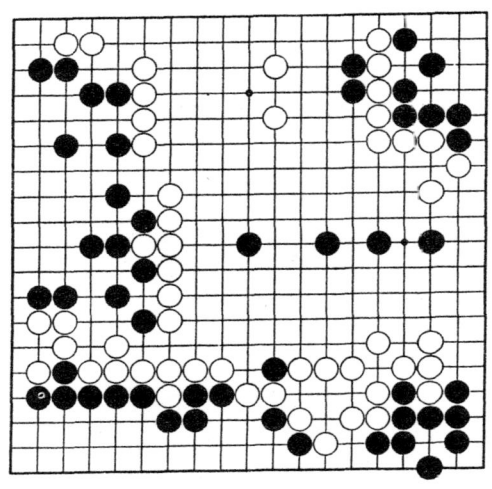

해 본다

혹은 아뭏든 중앙의 돌을 살려 나가야 한다. 제 3 선의 벌리기는 눈이 되기 쉬우므로 혹1이 좋을 것이다.

아마 눈이 될 것이라고 생각되지만, 가령 되지 않는다 해도 해 보는 편이 분명할 것이다.

백으로써도 이대로 혹을 취하고 있을 자신은 없는 것이다. 그렇다면, 다른 종반패를 치기 전에 좀더 확실히, 눈의 혹을 취하러 가야 할 것이다.

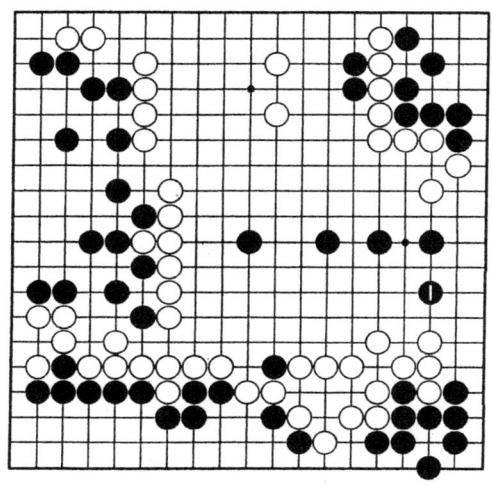

테마 2 종반패

종반패도 포석과 마찬가지로 돌수가 적은 곳에 큰 수가 있다.

중반의 싸움이 끝나면 바둑은 종반을 맞는다. 그리고 싸움의 제자리 걸음이 없어지고 집이 만들어지는 단계에 들어가면 '종반패'이다. 싸움이 끝날 무렵에서 종반패를 합해 종국이 될 때까지를 크게 '종반'이라고 부르는 것이다.

이 국면은 이미 종반패로 들어가 있지만, 한 군데, 특히 큰 수가 남아 있다. 그것은 어느 부분이라고 생각하는가.

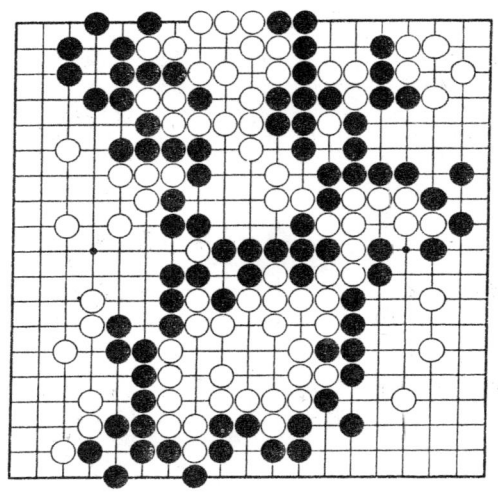

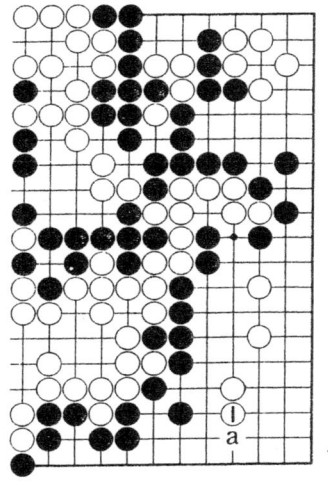

15집이 사라진다

1 도

우하귀에 큰 수가 남아 있다. 만일 백이 친다면 1 또는 a의 수비. 이것에 의해 귀는 수로처 15집 정도의 백집이 확정되는 것이 된다.

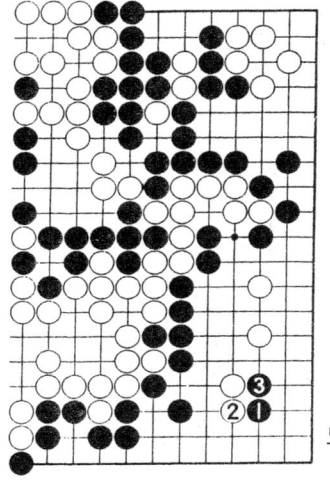

2 도

흑부터 친다고 하면, 1로 3·3에 넣을 수가 있다. 백2라면 흑3. 뒤는 나타내지 않았지만 흑은 귀에서 살 수가 있는 것이다.

그러면 백집은 없어져 눈의 염려조차 생기지 않는다. 전도와의 차는 상당한 것이라고 하지 않을 수 없다.

테마 3 큰 종반패는 어디?

큰 종반패의 수는 제 3 선이나 제 2 선에 자주 있다.

종반패에도 단계가 있어 큰 종반패에서 작은 종반패로 옮겨간다. 말할 것도 없이 큰 종반패가 남아 있는 단계가 큰 종반패이고, 작은 종반패밖에 없으면 작은 종반패이다.

이 국면은 큰 종반의 단계. 큰 종반이 몇 곳 있지만, 흑의 차례로써 3 군데 정도 큰 종반패를 지적해 보라.

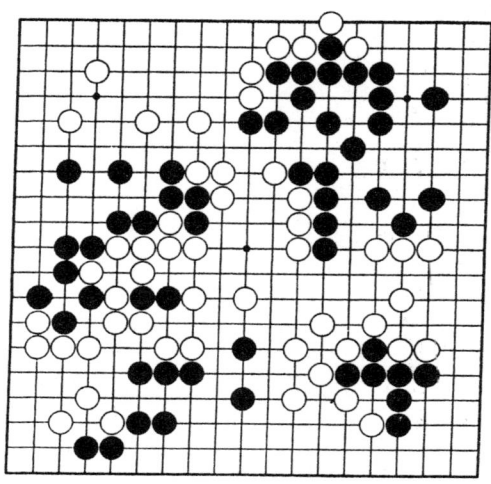

마늘모의 수

혹 차례라면 a부터 f까지의 6군데가 눈에 띄는 큰 종
반패의 수이다. 이 중 3군데를 댈 수 있으면 종반패의 실
력은 훌륭한 것이라고 할 수 있을 것이다.

이 중에서 혹a, c, d는 모두 마늘모로 집의 경계선을
부풀려 올릴 듯한 것. 큰 종반패의 국면에서 잘 생기는
형이므로 기억해 둔다.

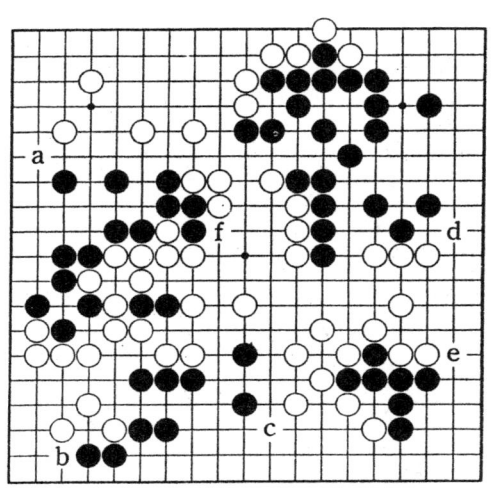

테마 4 사는 수

본래의 한 눈과 빠진 눈을 잘 구별할 것.

종반에 들어갔다고 해서 반드시 평온 무사히 종반째가 된다고는 할 수 없다. 생각지 않은 곳에서 또 싸움이 시작되는 일도 있다.

이 바둑도 종반에 들어가면 좌상귀의 흑돌의 생사가 문제가 되어 간다. 흑의 차례라면 어떻게 쳐 살릴 수 있을까.

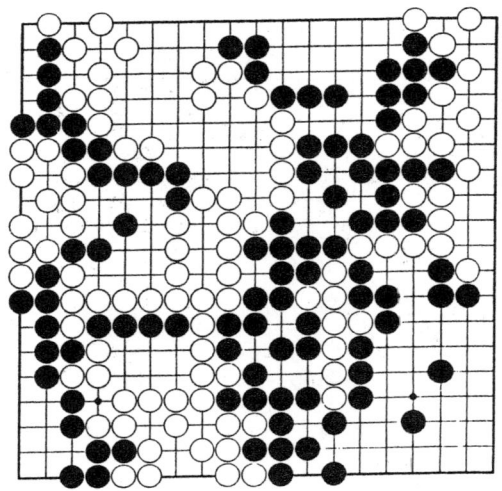

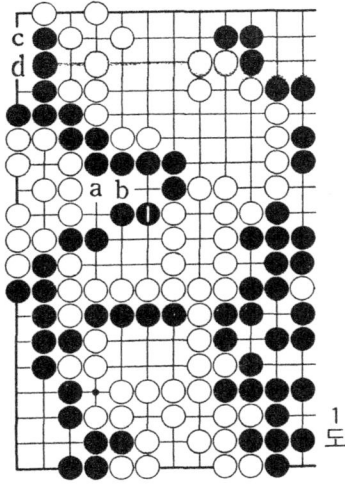

빠진 눈에 주의
1도
흑1로 쳐 이곳에 한 눈 만들어 겨우 살 수가 있다. 백 a에는 흑b, 백 c에는 흑d로 각각 한눈 있다.

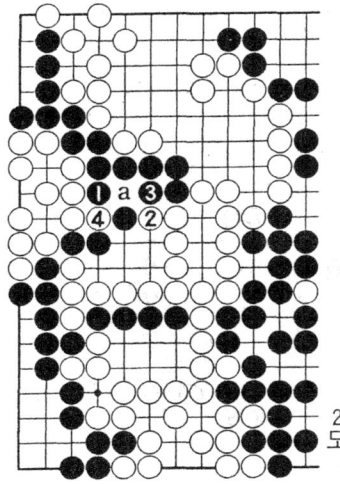

2도
흑1로 쳐도 한 눈이 될 듯이 보이지만, 수읽기가 부족하다. 백2에서 4로 쳐지면 a의 점은 빠진 눈이 되어 버린다는 것을 확인하기 바란다. 이 점의 큰 돌이 죽는다면 지게 될 것이다.

테마 5 공배 막힘

좌하 방면에 주의하기 바란다.

종반에 들어가 주의해야 할 것 중 하나는, 어느 사이엔가 돌의 공배(활로)가 막혀 수가 생기는 것이다. 다시 말하자면, 한 점의 단수라면 곧 알아차리는데, 큰 돌이 단수가 되어 있는 것은 알아차리지 못하는 것이다.

종반이 되면 눈에 불을 켜듯이 하고 공배 막힘의 형에 잘 주의해야 한다.

이 국면에서도 1군데, 흑돌의 공배가 막혀 생사에 관계되는 곳이 있다. 흑의 차례라면 어디에 쳐야 할까.

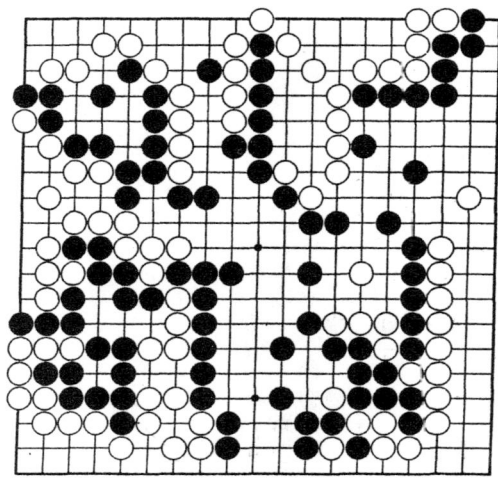

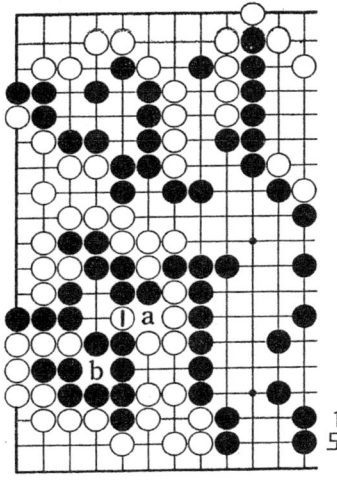

돈사(頓死)

1도

백 차례라면 1이라는 수가 있다. 그에 대해 흑a로 끊는 수는 자신의 돌이 단수가 되어 버린다. 흑a로 치지 않으면 여기에 한 눈이 만들어지지 않고, b의 한 눈만으로는 살 수 없다.

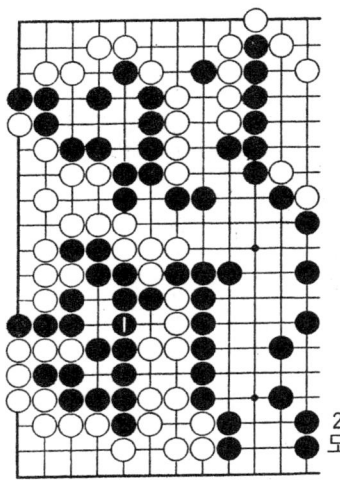

2도

따라서 흑 차례라면 1로 지켜 눈을 만들어 주어야 한다.

이런 때는 종반에서 깜박하는 것이다.

테마 6 패가 되는 형

백의 눈이 빠진 눈이 될지 어떨지의 패.

'패'는 특별한 룰이 있으므로 귀찮은 느낌이 들지만, 요령을 알면 재미있는 것이다. 귀찮다 하며 멀리 하지 말고 차근차근 경험을 쌓는 것이 중요하다.

이 국면에서 뜻밖의 곳에 패가 되는 형이 있다. 흑의 차례라고 하여 그 수를 발견하기 바란다. 패에 이기면 백의 큰 돌을 취할 수가 있는 것이다.

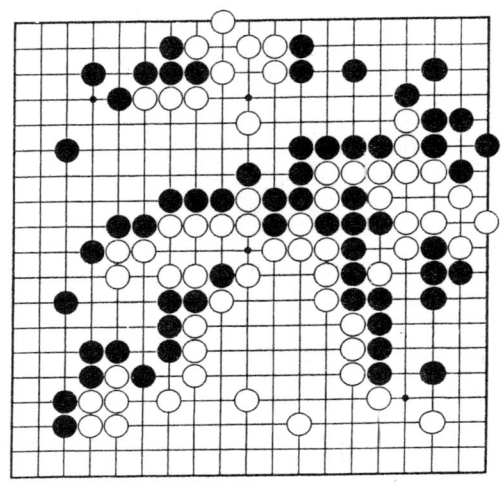

백의 큰 돌이 핀치

흑1, 백2. 그리고 흑3으로 쳐 백 세 점을 단수가 되게 한다. 흑3의 돌은 백4로 곧 취해지지만, 또 백4의 돌을 되취할 수가 있는, 즉 패라는 것을 확인하기 바란다. 금방은 되취할 수 없으므로 다른 곳으로 한 수 치지 않으면 안되는데, 예를 들면 흑a로 단수가 되게 하면 백b로 받아 줄 것이다. 그렇게 하면 흑은 3의 집에 되취할 수가 있다. 다음에 백도 마찬가지로 '패 세우기'를 치지 않으면 안되는데, 그다지 흑에 영향이 없는 패 세우기라면 흑c로 취해 전체의 백을 죽여 버린다.

또 백이 먼저 쳐 패를 막기 위해서는 3의 점에 보강하면 좋다.

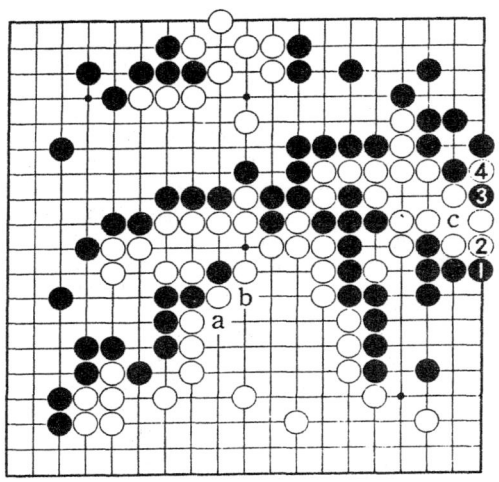

테마 7 선수와 후수

종반패에는 '선수'라는 것이 있어 최우선으로 치는 것이 바람직하다.

대종반패의 장소도 슬슬 적어져 가는 국면이다.

흑 차례로 A로 끊어 한 점을 취하는 수, B로 치는 수는 모두 큰 것 같은데, 당신이라면 어느쪽을 선택하겠는가.

패의 성질로써 '선수'와 '후수'라는 것이 있다는 것을 이 테마에서 공부하기도 한다.

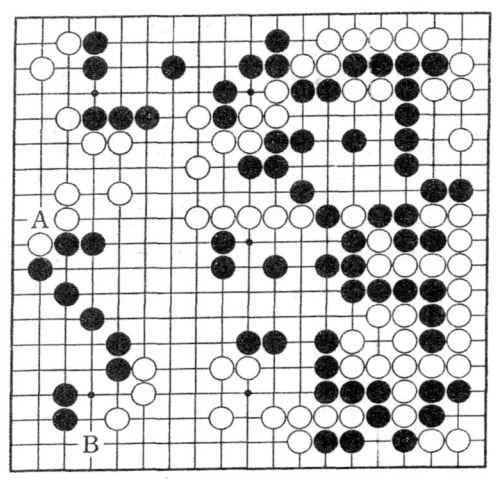

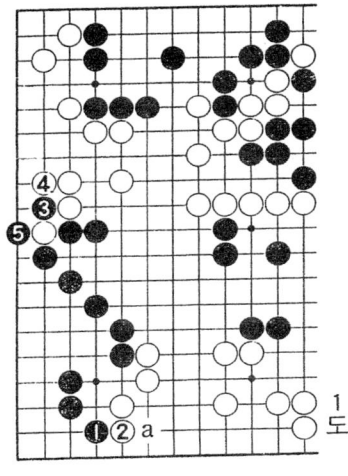

선수를 먼저 친다

1도

흑1이 먼저이다. 다음에 흑a로 침입하는 수가 크므로 백2로 받아야 하고, 거기에서 흑3의 끊기로 돌 수가 있다.

흑1은 종반패의 주도권을 잃지 않는 수로, 이것이 '선수' 라는 것이다.

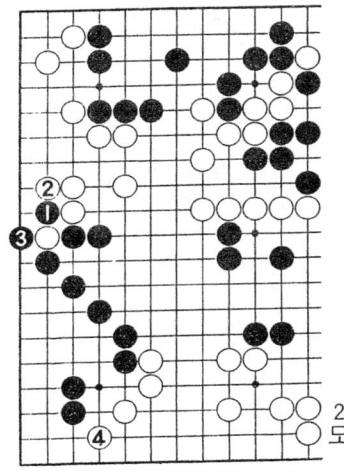

2도

흑1은 백2 때 흑3으로 취하게 되는데, 거기에서 종반패의 주도권은 백의 수로 옮겨지고, 백4로 돈다. 흑1·3은 '후수' 의 종반패였던 것이다. 선수를 먼저 친 전도쪽이 득이라는 것은 알 수 있을 것이다.

테마 8 돌을 취하고 싶다

선수의 종반패라면 상대에게 수를 넘기지 않는다.

초급자에게 있어서 돌을 취하는 일이 무엇보다도 기쁜 일임에는 틀림없지만, 바둑의 목적은 집을 겨루는 것이라는 것을 잊어서는 안된다.

이 국면에서도 '좋은 곳을 발견했다'고 기뻐하며 백 1로 치고 싶어하지는 않는가. 그 뒤 흑 2·4의 종반패가 쳐지는 것에 주의하기 바란다. 백 1 전에 치지 않으면 안될 곳이 있는 것이다.

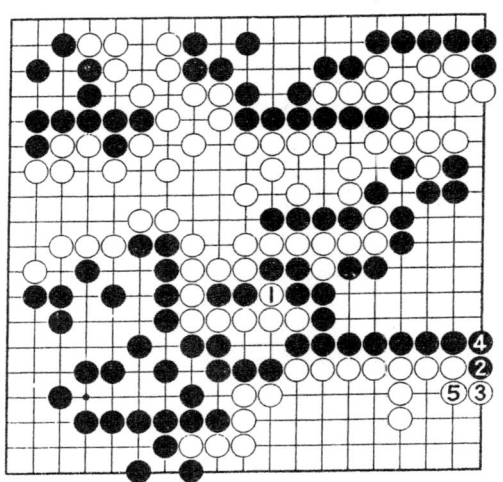

선수의 종반패

백 1·3 의 종반패를 먼저 쳐야 하는 것이다. 흑 4 로 받아야 하므로 거기에서 백 5 로 돌 수가 있다.

백 1·3 은 앞에서 설명했던 '선수' 의 종반패라는 것을 알 수 있을 것이다.

흑 4 로 중앙의 두 점을 돕는다면 어떻게 되는가 하면, 백에 4 의 점을 끊겨 흑집이 대폭 줄어들므로 계산이 맞지 않는다.

테마도와 본도를 비교하여 그 차이를 잘 확인하기 바란다.

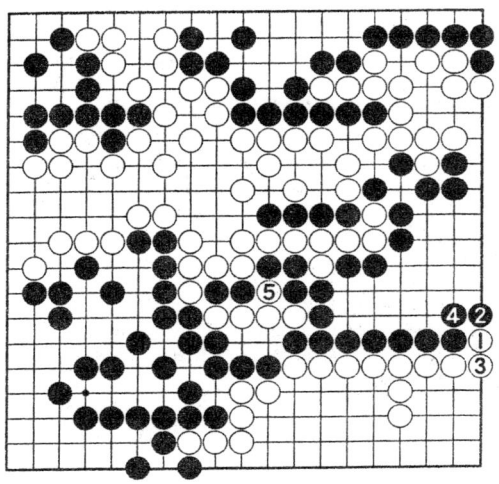

테마9 젖혀 잇기

3, 4수 앞까지 읽을 필요가 있다.

흑1·3은 종반패의 국면에서 자주 쳐지는 '젖혀 잇기'라는 수이다.

흑의 젖혀 잇기에 대해, 이 경우 백은 손을 뺄 수 있을까, 그렇지 않으면 a의 수비가 필요할까.

바꾸어 말하자면, 흑1·3의 젖혀 잇기가 선수인가 어떤가 하는 것이다.

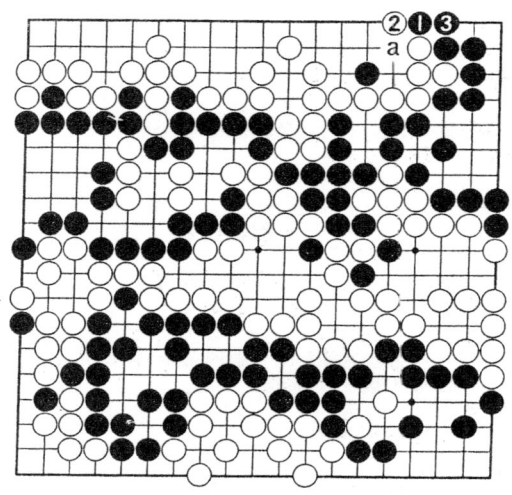

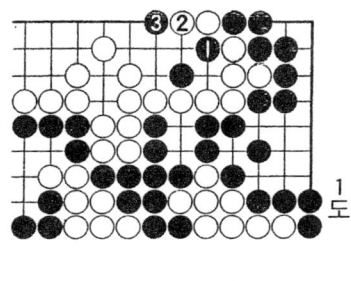

1도

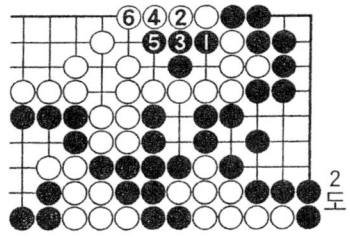

2도

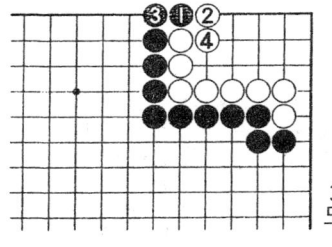

3도

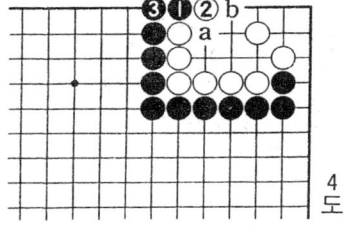

4도

받기가 필요

1도

백이 손을 빼면 흑1 에서 3으로 취해져 버 린다. 따라서 수비가 필 요하다.

2도

흑1, 백2 뒤 흑3 · 5는 실패로 수가 되지 않는다.

선수인 젖혀 잇기와 후수인 젖혀 잇기를 잘 구분하여 선수의 젖혀 잇 기부터 치도록.

3도

흑1 · 3 젖혀 잇기에 백4의 수비가 필요하 므로, 이 젖혀 잇기는 선 수이다.

4도

이 젖혀 잇기는 후수. 백은 손 빼기가 좋고, 흑a로 끊어도 백b로 수 가 되지 않는다.

테마10 종반패를 놓침

쌍방의 집 경계선에 주의를 한다.

바둑이라는 것은 여러 가지 형이 생기는 것이므로 때로는 착각을 불러일으킨다.

'이제 한두 집의 종반패밖에 없군'이라고 말하면서 N씨는 흑1·3의 젖혀 잇기를 쳤다.

본래는 더욱 큰 수가 있었는데 그것을 놓친 것은 일종의 착각에 의한 것이라고 생각한다.

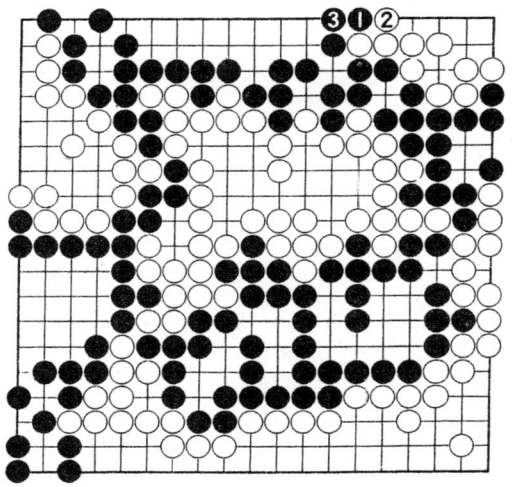

백집을 줄이는 수

1도

좌하귀 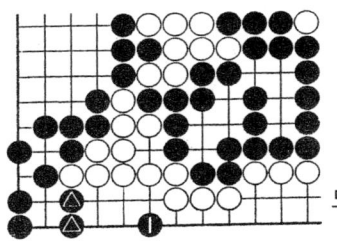 으로 흑집의 구획이 지어져있으므로, N씨는 여기에 종반의 수가 남아 있다는 것을 감박했다.

흑1까지 전진할 수가 있다.

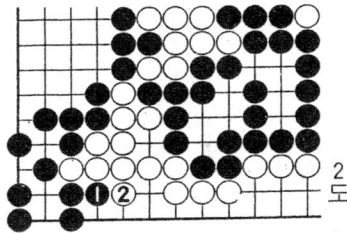

1도

2도

같은 치기라도 흑1은 백2로 눌러져 전도에 비해 백집 줄이는 방법이 부족하다.

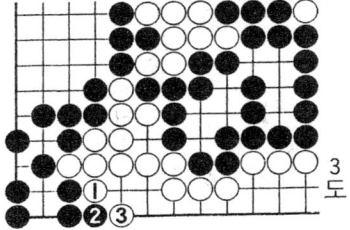

2도

3도

백이 친 때는 물론 1의 누르기. 1도와의 차에 있어서, 백집의 증감이 4집 정도 있다.

3도

테마11 한 집의 수

공배 막힘이 되어 수가 생기는 곳은?

종반패의 최종 단계가 되면 집을 둘러싸고 있는 형에 대해 약점이 있나 없나 잘 살펴 보아야 한다.

이 실전에서 흑은 1에서 5까지의 종반패를 쳐 종국을 지을 생각이지만, 아직 쳐지지 않은 곳이 있다.

다음은 백의 차례인데, 한 집에 관계되는 수는 어디일까.

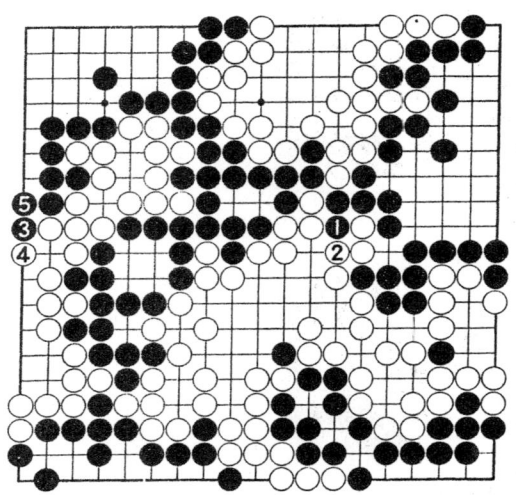

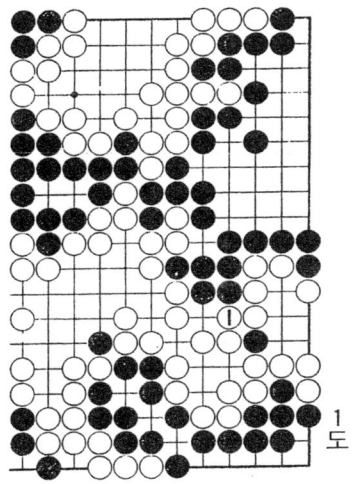

1 도

흑부터 선수

1 도

백 1 로 치는 수가 한 집에 붙는다.

2 도

흑은 먼저 1 로 쳐야 하고, 그렇게 하면 백 2 로 손을 넣어야 한다. 백 2 를 치지 않으면 흑 a로 단수하는 수가 있 다는 것을 확인하기 바 란다.

전도와의 차에 있어 서, 본도는 백집이 한 집 줄어 있다.

게다가 흑 1 은 선수이 므로 백 2 로 받게 한 다 음 흑b, 백c로 테마도 와 같이 움직이는 것이 바른 것이다.

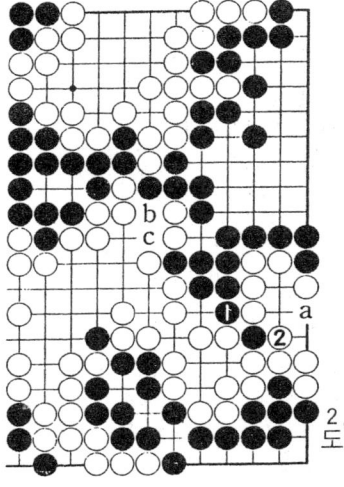

2 도

테마 12 아직 있다

유효한 수가 아직 5 군데나 있다.

초급 동안에는 종국의 시점을 좀처럼 판단할 수가 없을 것이다. 그러나 수를 거듭하여 눈이 단련이 되면 한 집, 두 집의 수도 놓치는 일이 적어질 것이다.

이 국면은 아직 종국이 아니다. '공배' 이외에 유효한 수가 어디에 있는지 찾기 바란다. 종반패에 눈을 단련하는 연습이다.

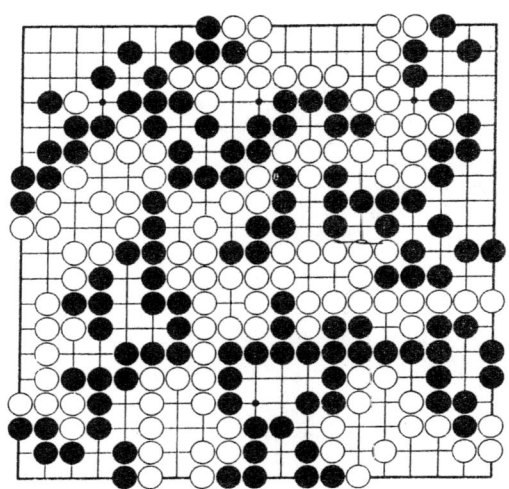

실전이라면

가령 흑의 차례로써, 실전의 요령으로 바른 종반패를 쳐보자.

우선 흑 1 · 3 으로 백 한 점을 취하는 수가 있다.

백 4 는 선수로 흑집을 한 집 줄였다.

백 6 은 한 집의 수. 흑에 이 점을 놓이면 a 는 집이 되지 않는다.

흑 7 은 백집을 한 집 줄이는 수이다. 아뭏든 b 의 공배가 막힌 때 백 c 에 손 넣기가 필요하다. 반대로 백이 7 로 치면 손 넣기는 필요없다.

백 8 이 한 집의 수라는 것은 알 수 있을 것이다.

이로써 종반의 패 수는 끝이다. 남아 있는 것은 공배뿐이다.

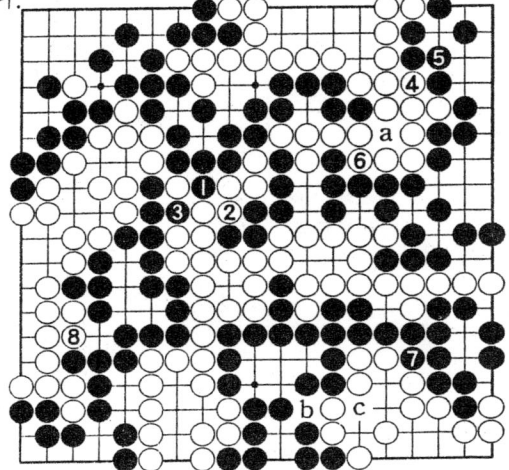

테마 13 손 넣기가 필요

우상 방면에 주의하기 바란다.

"이제 칠 곳은 없군요"

"그렇군요"

라고 확인, 서로 바둑판 위의 죽은 돌을 집어 올려 집의 계산을 했다.

그러나 본래는 백이 한 수, 자신의 집을 지켜야 할 곳이 있었다. 그것을 두 사람 모두 알아 차리지 못한 것이 결과적으로는 백이 한 집 득을 보게 된다.

그럼, 백이 손을 넣어야 했던 곳은 어디였을까.

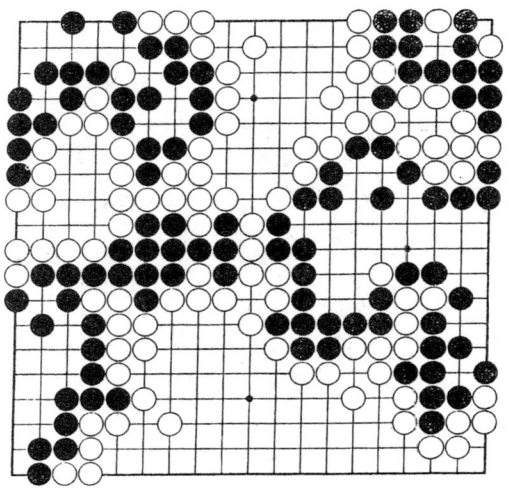

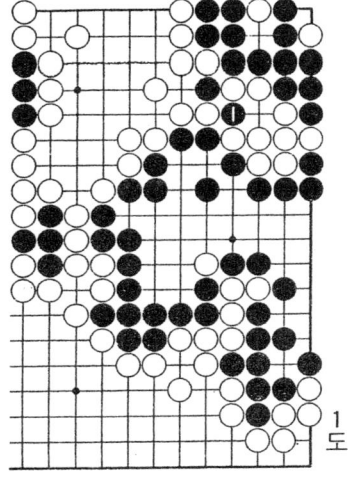

곤혹을 치루는 형

1도

흑1로 치면 어떻게 되는가, 잠시 잘 보기 바란다. 백은 곤란한 형이 되어 있다는 것을 알 수 있을 것이다. 만일 종국 이전에 이 형이 되었다고 하고, 흑이 1의 수를 알아 차렸다면 굉장한 일이 된다.

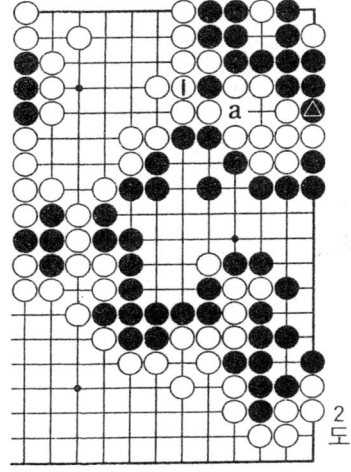

2도

본래는 훨씬 전에, 예를 들면 ●의 공배가 막힌 시점에서 백1로 취하든가, 또는 백a에 손을 넣든가 해야 했다.

테마14 빅이 된다

눈이 없어도 살 수 있는 특수한 형이 있다.

이것도 집 속에 손을 넣을 필요가 있었는데, 양자 모두 모르고 그대로 집으로 해 버린 예이다.

좌하귀의 백을 보자. 이 백집은 또 한 수 수비가 필요한데, 그렇다면 여러분은 분명히 깜짝 놀랄 것이다.

이대로 둔다면, 도대체 흑에 어떤 수가 있는 것일까.

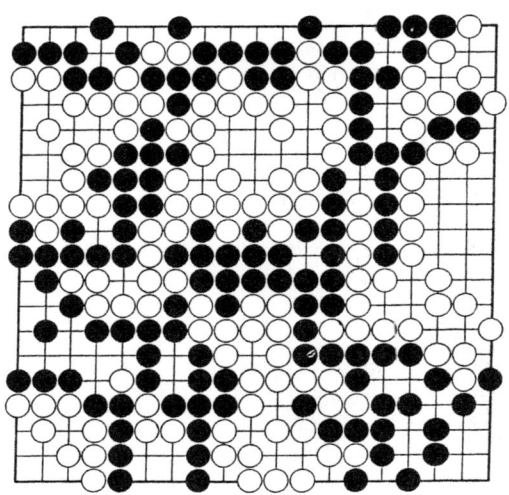

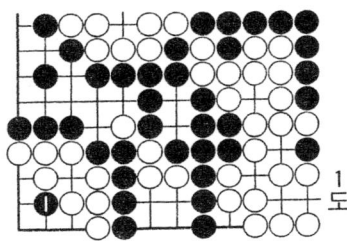

1 도
도

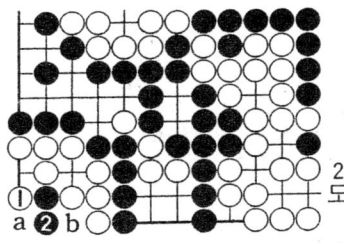

2 도
도

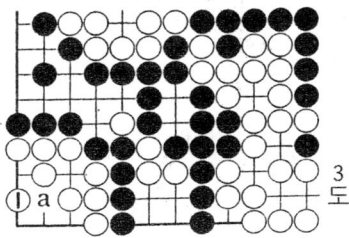

3 도
도

두 점은 취할 수 없다

1 도

이대로 백집이라고 생각하는 것도 무리는 아니다. 이해하기 어려운 요소가 있는 형인 것이다.

실은 흑 1 이라는 수단이 있는 것이다. 이 흑돌을 백은 취할 수 없다.

2 도

백 1 로 단수하면 흑 2 로 도망친다. 백부터 이 흑돌 두 개를 취할 수 있을까? a, b 어느쪽도 백부터는 칠 수 없다. 또, 흑부터도 백을 취하러 갈 수가 없다. 즉 서로에게 취해지지 않는다. 이것을 '빅' 이라고 한다.

3 도

그러므로 백 1 이나 a 에 한 수가 필요했다.

테마15 가장 작은 싸움

바둑은 최후 한 집까지 끈질기게 싸울 마음 가짐이 중요하다.

종반패는 큰 수이므로 순서에 따라 쳐 가는 것으로 최후에 남는 것은 가장 작은 것이다.

이 국면, 종반패는 한 군데를 빼고 전부 끝났다. 남은한 곳이란 우하귀이다. 다음은 흑의 차례인데 이곳을 어떻게 처리할까.

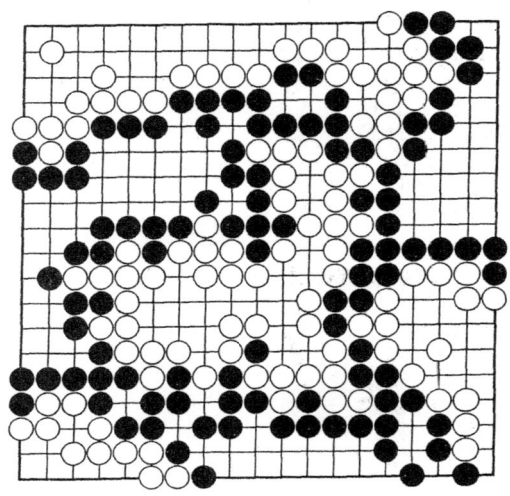

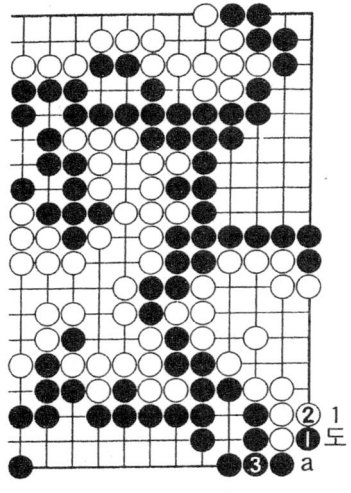

한 집을 패로 싸운 다

1도

흑1로 치고, 백2 때 흑3으로 잇는다. 이어 서 백a로 취하는데, 이 형은 패이다. 이 패는 흑 1의 한 점을 취하는가 돕든가 하는 싸움으로, 패 중에서 가장 작은 싸 움이다.

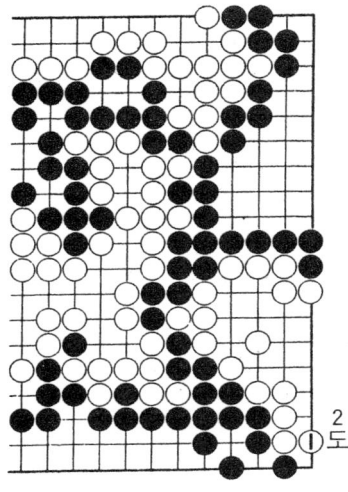

2도

테마도에서 만일 백 차례라고 한다면 1로 쳐 종국이 되는 때.

또 1도에서 흑이 패 싸움에서 이겨 a에 이 었다면, 2도에 비해 백 집을 한 집 줄이고 있다 는 것을 알 수 있겠는 가.

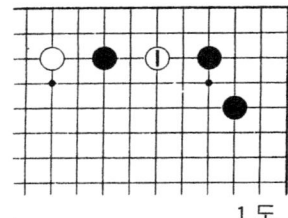

1 도

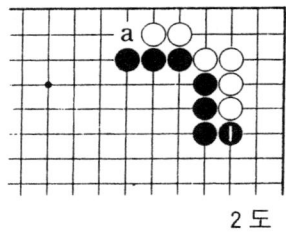

2 도

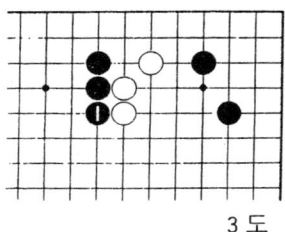

3 도

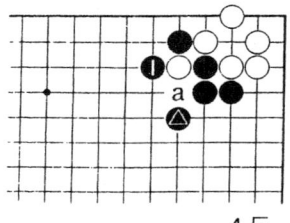

4 도

바둑의 용어

이미 알고 있을 테지만, 자주 사용되고 있는 바둑 용어를 소개하겠다.

단수 단수를 거는 수.

뛰어들기 벌리기의 안으로 들어가 집을 어지럽히러 가는 수. 1도의 백1.

누르기 내려고 하고 있는 상대의 돌을 눌러 넣는 수. 2도의 흑1. 흑a도 누르기이다.

밀기 상대의 돌을 옆에서 밀어붙이는 수. 3도의 흑1.

안기 상대의 돌이 도망칠 수 없는 조건으로 단수를 거는 수. 4도의 흑1이 그것으로, ▲이 있기 때문에 백a로 도망칠 여지가 없고, 한 점은 취해져 있는 형이다.

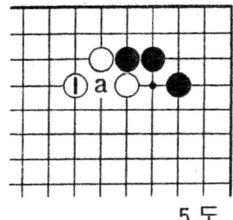

5 도

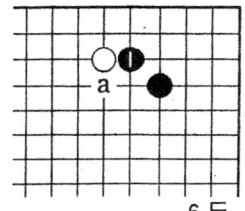

6 도

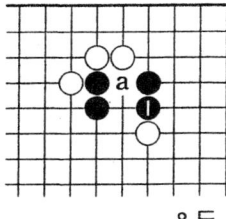

7 도

8 도

9 도

걸쳐 잇기 5 도의 백 1. 백 a 라면 보통의 잇기이다.

마늘모 잇기 6 도의 흑 1. 이에 대해서는 백 a 로 응하는 것이 상식이다.

내리기 7 도의 백 1. 바둑판 끝쪽으로 뻗는 수. 중앙은 천(天), 바둑판 끝은 지(地)라는 감각이 바둑에 있다.

쌍립 이음 대나무의 마디와 같은 형으로 잇는 수. 8 도의 흑 1 이 그것으로, 직접 a 로 잇는 것 보다도 이 편이 작용이 있다.

붙이기 단독으로 상대의 돌에 접촉하는 수. 9 도의 백 1. 단 이 경우 △ 부터 한 칸 띈 형도 있으므로 '뛰어 붙이기' 라고도 한다. △ 이 없으면 단순한 붙이기이다.

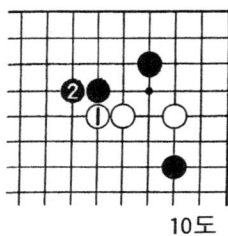

10도

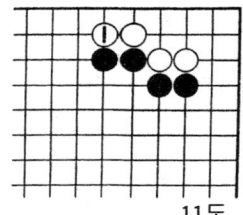

11도

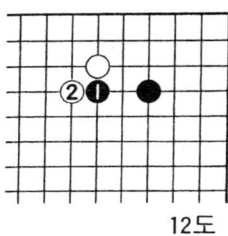

12도

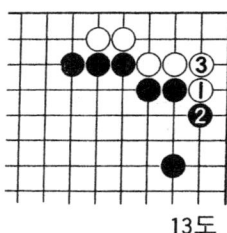

13도

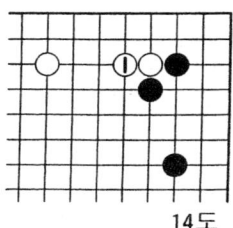

14도

뻗기 10도 백 1 은 밀기 이지만, 이에 대한 흑 2 가 뻗기이다. 돌의 발전 방향 으로 머리를 내어가는 수.

기기 11도의 백 1. 형은 밀기와 같지만 제 3 선 이하 의 반단은 지면에 가까우므 로 기는 느낌이 드는 것이 다.

젖히기 12도 흑 1 에 대 한 백 2. 붙이기에 대해서 는 젖히기가 강수이다. '붙 이기에는 젖혀라' 라는 격 언도 있다.

젖혀 잇기 13 도 백 1 의 젖히기는 흑 2 때 백 3 으로 잇는 것이 전제로, 백 1·3 을 세트로 하여 젖혀 잇기 라고 한다.

당기기 14도의 백 1. 안 전한 방향으로 당기는 느낌 으로, 견실한 수이다.

제4장

접바둑의 두는 방법

강한 사람에 대해 돌을 많이 놓아도 이길 수 없는 제일 큰 원인은, 무턱대고 두려워하여 돌이 위축되어 버리는 것이다.

그 심리에 입각하여 대표적인 예를 몇 가지 들어 흑의 바른 치기 방법, 사고 방법을 나타내어 보겠다.

접바둑에서 3가지 명심할 것

초급자가 능숙해지기 위해 가장 중요한 것은 뭐니 뭐니 해도 상급자에게 지도를 받는 것이다. 상급자와 실전을 칠 때는 접바둑이 되지만, 놓인 돌의 도움을 받아 바둑의 지식을 몸에 익혀 가는 것은 가장 자연스러운 것이고, 장해가 적은 공부 방법이라고 할 수 있을 것이다.

최초는 9점의 접바둑에서 시작하는데, 9점 바둑에서 이기는 맛을 알기 시작하면 가속도가 붙어 곧 능숙해질 것이다.

그래서 이 장에서는 가능한 9점을 일찍 졸업하도록 도움을 주려고 생각한다.

우선 명심해야 할 것으로써, 세 가지 정도 주의 사항을 들어 두겠다.

1. 돌을 점점 밖으로 낼 것

접바둑에서는 이것이 가장 중요한 것이다. 밖으로 내는 것을 잊어 백에게 포위되면, 그만 사활이 염려되어 헛된 움직임을 해 버려 자기편에 해를 끼치는 결과를 낳는다.

포위되지 않도록 점점 중앙으로 내는 것을 명심하도록 한다.

2. 쓸데없이 두려워하지 말 것

이것은 심리적인 문제인데, 백이 친 수를 일일이 무섭게 생각해서는 쭉쭉 뻗는 바둑을 칠 수 없다. 백돌에는 특별한 마력이 있는 것이 아니고, 능력은 흑돌과 같으므로 냉정할 것.

하나의 예를 들어 보겠다.

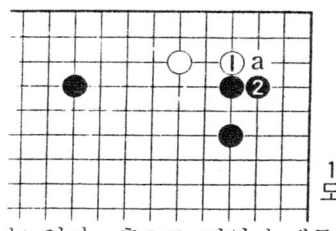

1도

백 1로 붙여진 때 무서워 흑 2로 삼가하는 사람이 있는데, 쌍방의 돌이 배치되어 있다고 해도 흑 a로 눌러 나쁘지는 않다. 흑 2로 떨었기 때문에 이어서 백 a로 단즙을 마시게 하고 마는 것이다.

3. 백이 치는 수를 따르지 말 것

한 수, 한 수 백이 치는 수에 따르기만 하고 있다. 이것도 근본적인 원인은 능숙에 대한 공포감에 의한 것일 것이다.

흑이 무엇이든지 받아 주기 때문에 백은 약한 돌도 지키려고 하지 않고 원하는 것을 할 수 있다.

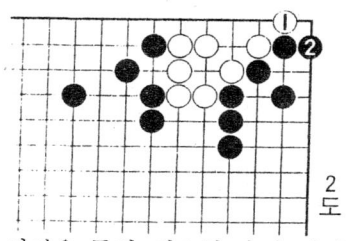

2도

백 1은 자신의 돌을 살리기 위해 친 수로, 별로 흑의 받기를 강요하고 있지는 않다. 그런데도 흑 2는 따르는 수. 이것은 특히 필요한 수가 아닌, 국면에 따라서는 건너뛰어도 괜찮다는 것을 살필 수 있어야 한다.

그럼 다음에는 9점 바둑에서 잘 나타나는 패턴을 몇 가지 소개하여 각각 흑의 바른 치기 방법을 나타내겠다.

테마 1 마늘모 걸치기

백의 날일자 걸치기에 대한 흑의 받는 방법은?

9점 접바둑에 한하지 않고 4점 이상의 접바둑에서는 백은 최초, 귀의 흑에 걸쳐 주는 것이 보통이다. 그리고 걸치기의 종류로써는 백 1 의 날일자가 가장 많이 사용된다.

왜 귀에 걸치느냐 하면, 역시 귀는 집에 관해 중요 지점이고, 싸울 때의 변화가 많아 그 만큼 서툴게 미스할 여지가 있다고 생각되기 때문이다. 특히 날일자 걸치기는 화점의 흑에 대해서 가장 호전적인 수라고 할 수 있을 것이다.

그럼, 흑의 응수는?

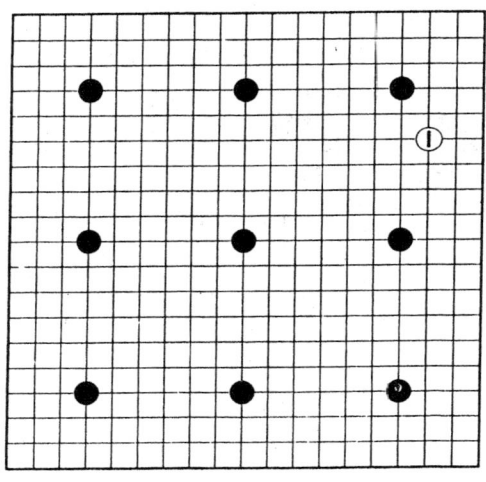

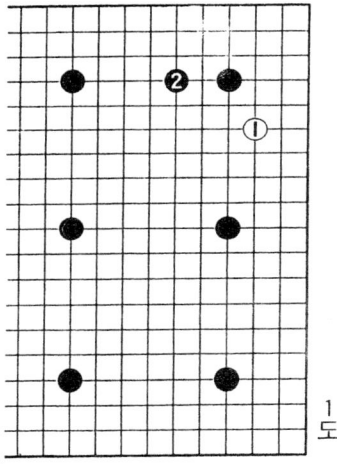

1 도

한 칸 뛰기

1 도

백 1 의 걸치기에 대해서는 흑 2 로 한 칸 뛰기로 받는 것을 정석이라고 한다. 이 수는 귀의 흑을 지킨 것인데, 지켰다는 것은 동시에 백 1 에 대한 공격을 기했다는 의미이기도 하다. 이와 같이, 공수를 겸한 수라는 것은 작용이 큰 착수라고 할 수 있다.

2 도

백 1 에 흑 2 와 같은 수는 백 1 에 직접 영향이 없다. 예를 들면 백 3 으로 끼워지면 ⬤의 돌에 불안이 생기고, 그 염려는 백에게 당할 원인이 된다.

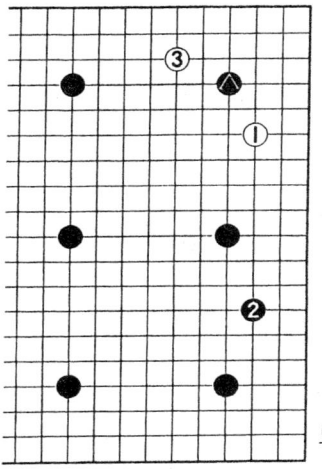

2 도

테마 2 모자 대책

백의 위협에 당황하여 혼란을 빚지 않도록 한다.

백 1 에는 흑 2 의 받기. 백 3 에도 흑 4 로 받아 지장없다.

여기에서 백 5 로 씌우는 수가 '모자'라고 불리우는 것으로, 9 점 접바둑의 백의 상용 전술로 되어 있다.

우변의 흑 한 점을 '포위하자'라는 위세로, 흑의 악수를 유도하려는 전술.

그러나, 우변의 흑은 약한 돌이 아니다. 두려워하지 말고 당당하게 싸울 생각을 한다.

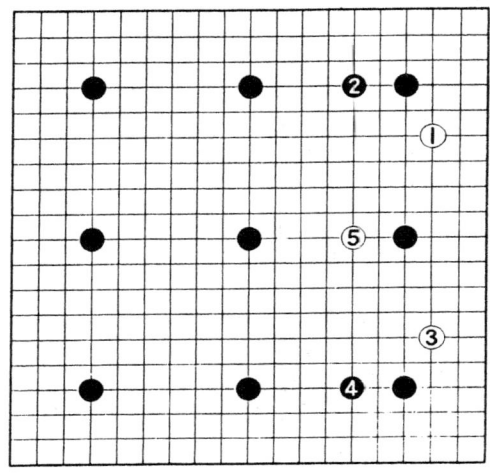

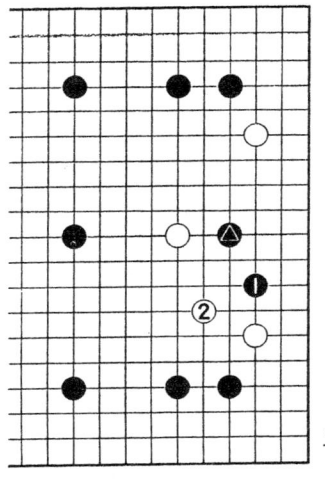

1도

두렵다

1도

백의 모자에 대해 우선 나쁜 치기를 나타내어 보겠다.

흑1은 ⬤의 돌이 취해지지나 않을까 하는 공포감에서 일찍 살려는 생각의 수이다. 이어서 백2로 포위된 때,

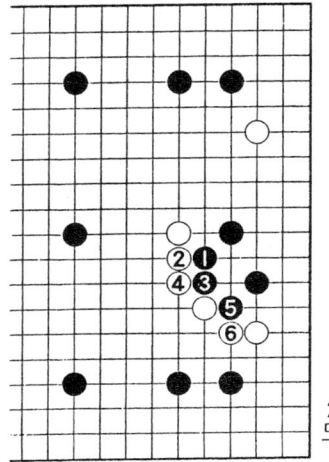

2도

2도

흑1에서 5와 같이 당황하여 살려는 것인데, 처음 뿔뿔이었던 백돌이 어느 사이엔가 쭉 이어진 한 줄의 실과 같이 결속되었다. 흑은 비록 살더라도, 이와 같이 백돌을 강화시켜서는 안 되는 것이다.

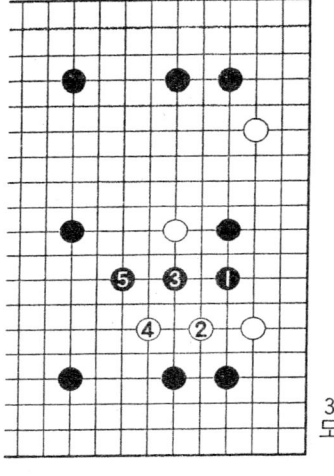

3
도

3도

'명심 사항'에서 말했 듯이, 중앙으로 진출하 는 것이 중요하다. 그 수 단은 얼마든지 있는데, 예를 들면 흑1의 한 칸 뛰기 등은 대표적인 것 이다. 백2라면 마찬가 지로 흑3. 백4에는 흑 5로 백에 선행하여 진 출하는 요령이다.

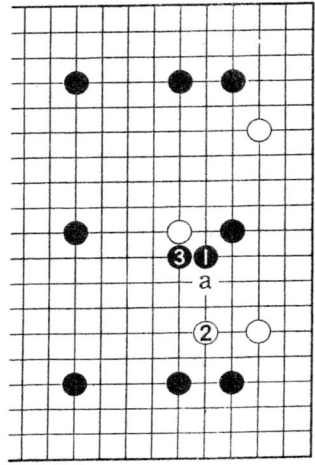

4
도

4도

마찬가지 목적으로, 흑 1의 마늘모도 좋은 수 이다. 백2라면 흑3. 백2에서 3이라면 흑a 로 뻗어, 아뭏든 백에 포 위될 염려는 없다.

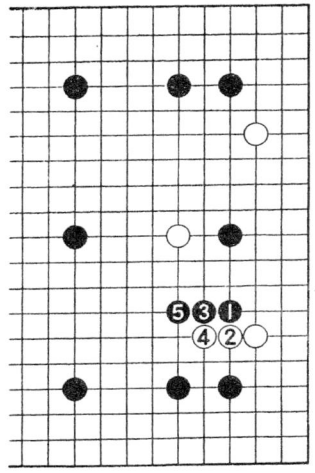

진출의 의미

5 도

진출하는 수는 아직
또 있다. 흑 1 도 유력.
백 2 에 흑 3, 백 4 에 흑
5 로 뻗으면 편하게 진
출할 수 있을 것이다.

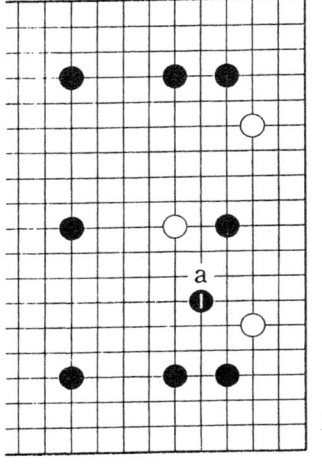

6 도

그 외, 흑 1 이라는 수
도 있고, a 라는 수도 있
다.

모두, 백돌의 사이를
갈라 중앙으로 진출하
는 것에 의해 자신의 돌
의 안전을 기할 뿐 아
니라, 백돌을 분단하여
공격으로 잇고 있는 것
을 잊지 않도록 한다.

테마 3 귀를 지키는 방법

귀의 돌은 안정성이 높으므로, 이제 다 싶을 때는 간단히 실 수 있다.

이 국면은 앞 테마의 3도이다.

우변 흑의 진출을 기하여 안심하고 있을 때 백1로 들어갔다. ⓐ의 두 점이 적어 염려가 되지만, 무턱대고 두려워해서는 안된다. 단, 밖으로 진출하는 형은 좋지 않다.

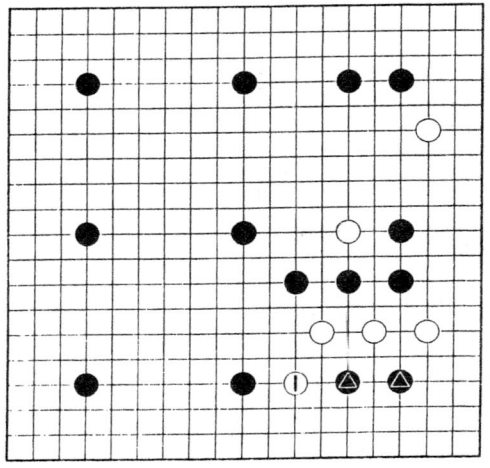

상대의 돌을 강하게 만들지 않는다

1도

밖으로 진출할 틈이 없어 단독으로 귀를 지키게 되는데, 흑1은 악수의 본보기이다. 백2가 쳐져 상대의 돌을 강하게 만들어 버리면 그 반동이 ⬤ 의 돌에 영향을 미친다는 것을 생각한다.

2도

백돌을 굳힐 수 없도록 잠자코 흑1로 지키고 있는 것이 가장 영리하다.

3도

백1에는 흑2. 이 흑의 집 모양은 살리기에 충분한 넓이라는 것을 알 수 있을 것이다.

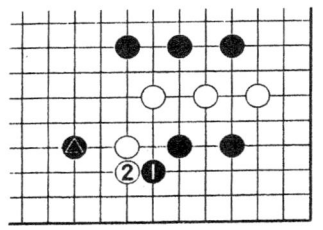

1도

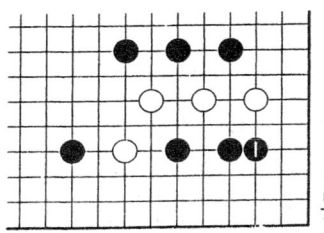

2도

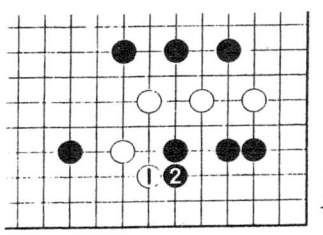

3도

테마4 두 칸 높이 걸치기

모자가 씌워진 뒤, 때로는 한 번 싸움이 붙는 경우도 있다.

백1은 '두 칸 높이 걸치기'라고 일컬어지는 수. 날일자 걸침에 비해 귀에 미치는 영향은 작은 수이지만, 역시 흑은 2로 받아도 상관없다.

백3에도 흑4.

백5는 분명히 이렇게 올 것이다.

'테마2'와 조금 조건이 다르지만, 중앙으로 진출을 기하는 수를 발견하는 것은 그다지 어렵지 않을 것이다.

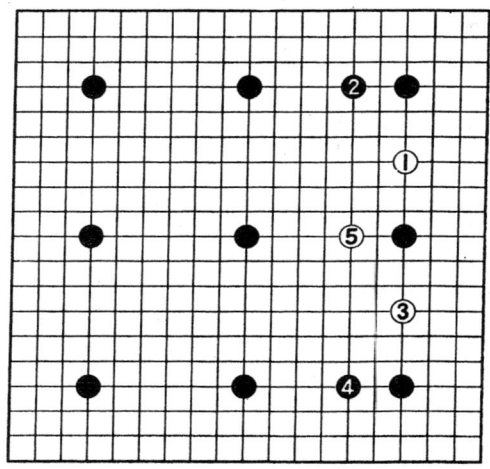

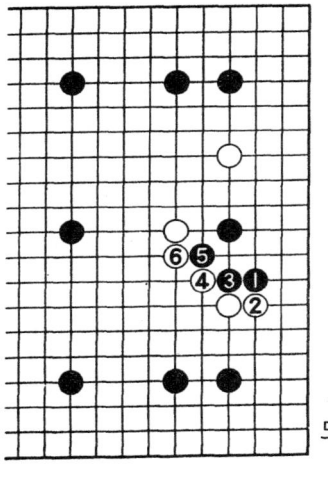

1도

마늘모가 간명

1도

또 나쁜 치기 방법을 나타내겠는데, 흑1에서 5와 같이 일부러 백에 포위되는 형이 되어 안에서 살려고 하는 것은 좋지 않다. 백돌을 강하게 한 손실은 의외로 큰 경우가 많다.

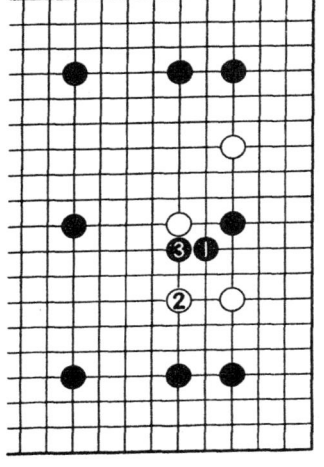

2도

2도

흑1의 마늘모가 진출을 기하는 가장 간명한 수. 백2라면 흑3으로 밀어가, 백이 이 이상 흑을 포위하려는 것은 무리한 상담이다. 그러나 아직 염려스러운 사람도 있을 것이니, 좀더 검토해 보자.

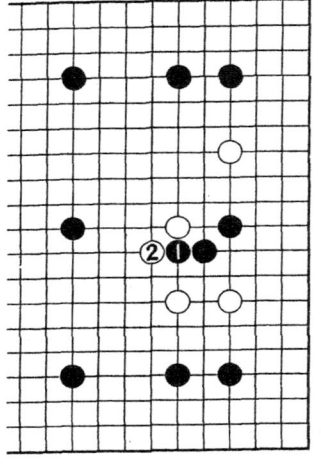

3
도

도와주는 악수

3 도

흑 1 때 백 2 로 눌러 가면 어떻게 할 것인가 이다.

백은 무리한 것이므로 그것을 꼭 찔러야 한다.

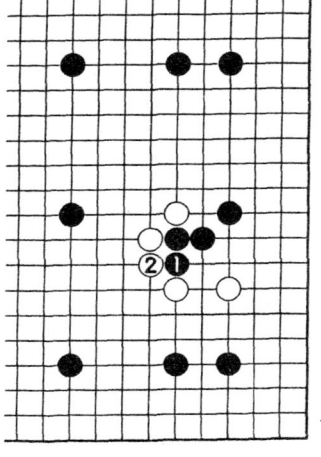

4
도

4 도

초급자는 흑 1 과 같은 수를 치고 싶어한다. 이것은 백돌의 약한 연계를 일부러 강하게 만드는 것을 돕는 것. 흑 자신의 형은 하나도 좋지 않다. 흑 1 과 같은 수는 절대 치지 않도록 한다.

바른 방법은——

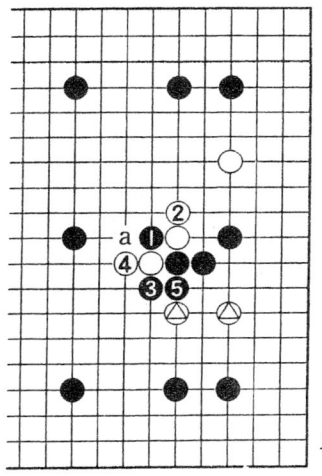

5도

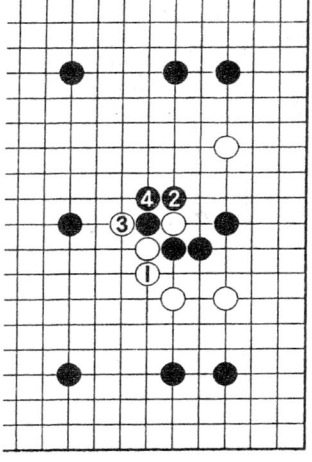

6도

끊는다

5 도

흑1의 끊기. 이곳이 백의 최대의 약점이다. 백2라면 흑3이 단수가 되고, 백4 때 흑5로 이어 백의 포위 태세를 뚫는다. 이 결과, △이 매우 약한 돌이 되어 있다는 것을 알 수 있을 것이다. 아뭏든 흑a 로라도 치면 백돌은 뿔뿔이 흩어진다.

또 백2의 수로──

6 도

백1로 이곳을 보강하면 흑2로 한 점을 수중에 넣으면 좋다. 백3에는 흑4로 이어 흑이 염려할 것은 아무것도 없다.

테마 5 귀의 싸움 방법

귀에서의 싸움도 역시 중앙 진출이 제일.

두 칸 높이 걸치기는 귀에 대해 영향이 다소 약하므로, 예를 들면, 백 1 에서 3 일 때 귀를 받지 않고 흑 4 로 뛰어 변의 흑돌을 강하게 치는 방법도 때로는 좋을 것이다.

그러면 당연 백 5 로 귀의 흑을 공격해 오는데, 이것을 어떻게 맞아 칠까, 미리 대책을 세워두어야 한다.

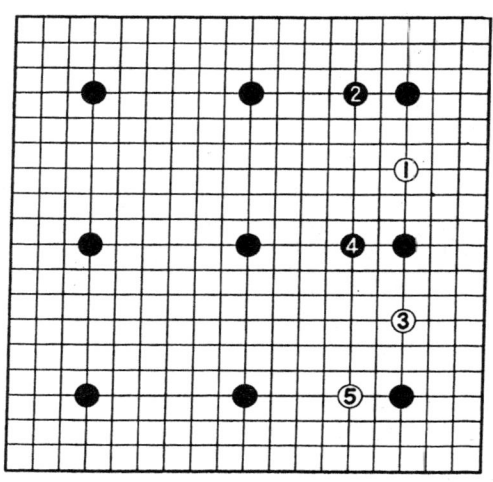

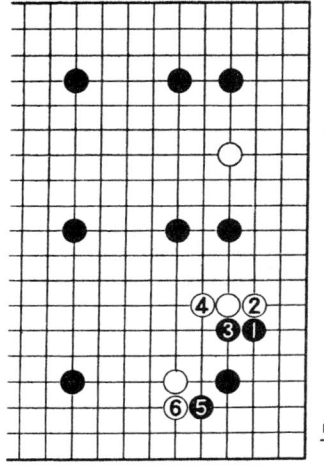

1도

마늘모로 진출

1도

여기에서도 백의 모자 전술에서 설명했지만, 똑같다.

흑1에서 5와 같이, 백돌의 아래로 기어 들어가 위축되어 살려고 하지 말 것. 이것은 싸우고 있는 것이 아닌, 살려 주십시오 라고 빌고 있는 치기이다.

2도

흑1의 마늘모로 진출해야 한다. 백2라면 흑3. 이 뒤 만일 백a로 무리를 하여 눌러간다면 흑b로 끊는다. 그 싸움은 어떻게 돌아도 흑 유리이다.

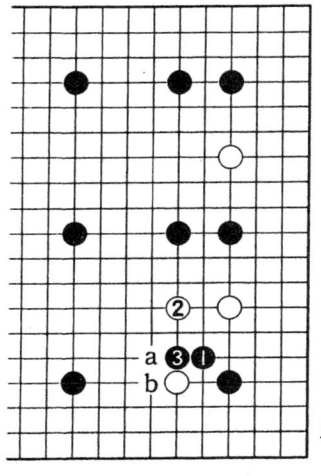

2도

테마6 변을 가르는 수

초급자가 치고 싶어하는 수는 이상하게도 나쁜 수가 많은 것 같다.

백1의 걸치기에 흑2로 한 칸 뛰기로 받는 경우, 나중에 백5로 갈라 넣는 것이 흑의 골칫거리가 된다.

백으로써는 화점에서 2로 뛴 흑 두 점을 위협할 생각이지만, 그 수가 쉽지는 않다. 흑의 한 칸 뛰기는 결코 약한 돌이 아니므로 소극적이 되지 말고 쭉쭉 힘있게 싸워야 하는 것이다.

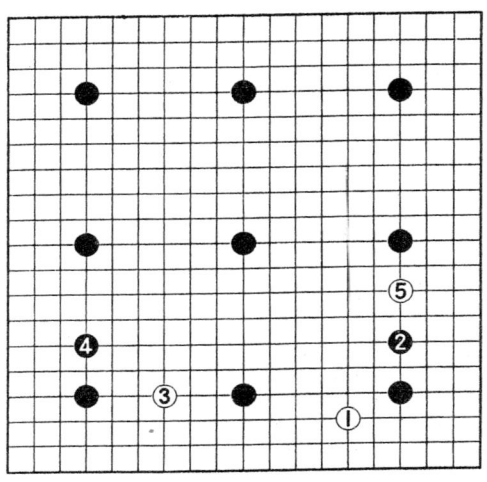

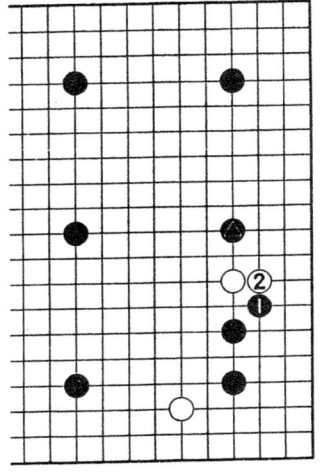

1도

공통 심리
1도
흑1의 수를 좋은 수라고 생각하는 것이 초급자의 공통적인 심리이다. 좋은 수는 커녕, 상당히 나쁜 수. 이미 비슷한 예가 있었듯이, 백돌을 강화시켜 ▲에 해를 끼치는 수라는 것을 잊어서는 안된다.

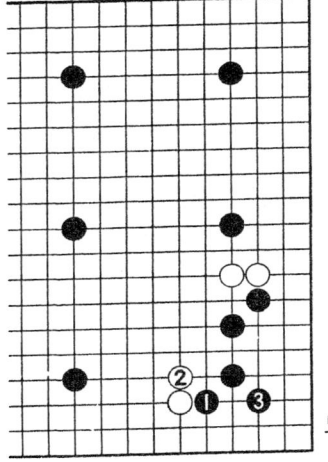

2도

2도
극단적인 예이지만, 전도 뒤 또 흑1로 쳐 백2로 상대를 강하게 만드는 사람이 있다. 게다가 또 귀가 염려스러워 흑3으로 지키는 형편. 쓸데없이 백을 강화시키는 나쁜 치기의 견본이라고 하지 않을 수 없다.

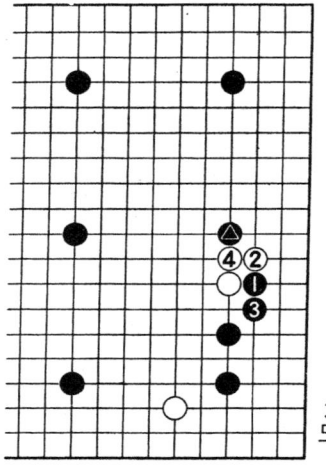

3 도

희생이 크다

3 도

혹1의 붙이기로 귀의 수비를 굳히려는 것도, 마찬가지로 초급자가 자주 치는 수이다. 그러나, 이것도 큰 악수라는 것을 알아야 한다. 그 이유는 백4까지로 강화되어 ▲의 힘이 매우 약해져 버리기 때문이다. ▲을 희생시키면서까지 혹1·3으로 지킬 필요는 없다.

4 도

전도 뒤, 혹1은 악수보다 더한 수. 백4까지 귀가 또 약해지고, a의 단점도 생겨 화근의 씨앗을 만들었다.

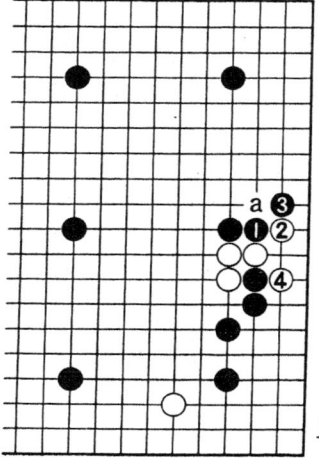

4 도

간단한 수

5도

혹은 어려운 수를 칠 필요가 없다. 혹1도 한 칸 뛰기로 밖으로 내면 좋은 것이다. △은 어느쪽도 약한 돌임을 느낄 수 있을 것이다.

백돌을 강화시키지 않는 것이 백의 전력을 막는 것이 된다. 이것을 꼭 잊지 않도록 한다.

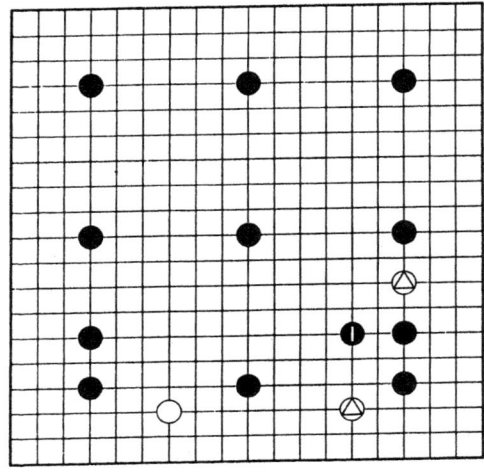

5
도

바둑의 매너

중국 말에 '금기서화'라는 것이 있다. 고귀한 취미를 말하는 것인데, 바둑이 그 중 하나에 들어가므로 바둑을 치는 사람도 매너는 잘 알아 두어야 한다.

자세

방인 경우에는 정좌가 최고. 그러나 정좌를 계속하고 있으면 피곤하므로 도중에 책상다리로 바꾸어도 상관은 없다. 매너라는 점이 아니더라도 정좌로 등을 펴고 바둑판을 보면 시야가 넓어져 좋은 수를 발견할 수 있다.

기기(碁器) 두는 장소

무릎 앞 중앙에 놓고, 뚜껑은 오른쪽 무릎 앞에. 바로 옆에 두는 사람을 볼 수 있는데, 그것은 틀리다. 의자에서 치는 경우는 공간의 형편상 오른쪽에 놓는 경우도 있다.

개시 인사

인사를 하는 것이 에티켓. 강한 사람에게 배울 때는 '부탁드립니다'라고 말을 한 마디 붙이는 경우도 있다.

제 1 착

흑의 첫수는 우상귀에 치는 것이 습관이 되어 있다. 상대가 보기 쉽도록 배려하는 것일 것이다. 그리고, 오른손을 쭉 뻗은 위치로 자연스럽다. 그러나 규약은 아니므로 반드시 지켜야 하는 것은 아니다.

잠깐 기다려 달라는 일

일단 친 돌을 다른 곳으로 옮긴다. 더욱 심한 경우에는, 두세 수 전으로 거슬러 올라가 잠깐 기다려 달라고 하는 일도 있다. 초급자가 실전 공부를 하고 있을 때라면 모를 까, 승부를 겨루고 있을 때라면 절대로 기다려 달라고 할 수 없다. 자주 하는 말에 '신중한 승부에 잠깐 기다려 달 라는 말은 통하지 않는다'라는 것이 있다.

'기다려 달라'라고 하고 싶은 경솔한 수를 치지 않도 록, 생각이 결정될′ 때까지 돌을 치지 않는 습관을 붙이는 것이 중요하다.

사고를 방해하는 행위

손 안에 바둑돌을 넣고 소리를 내거나, 바둑판을 돌로 쳐 소리를 내거나, 또는 쓸데없는 말을 하는 것은 최저의 매너이다. 또, 상대를 혼란스럽게 하는 행위는 좋지 않다.

장고(長考)

너무 오래 끄는 것은 상대에게 폐가 된다. 기력에 따라 다르지만, 일국의 소요 시간은 1시간에서 1시간 반 정도 가 보통일 것이다. 장고파는 다른 사람으로부터 경원시 되어 바둑을 칠 상대가 적어진다는 것을 각오해야 한다.

반대로, 기관총 같이 일찍 치는 것도 좋지 않다. 적당 적당히 치는 것 같아 상대도 바둑에 열중할 수 없게 된 다.

자리를 뜬다

화장실이나 그외의 용무로 자리를 뜰 때는 상대의 수 차례일 때. 자신 차례일 때 자리를 뜨면 상대는 초조해 진다.

돌 던짐

패배가 확실하면 돌을 던진다. 돌을 던질 때는 '졌다'

라든가 '없다 라고 한다.

진 것이 분명한 바둑을 계속하는 것은 시간의 낭비이며, 상대에 대한 실례이다. 개중에는 대패의 바둑을 최후까지 치고, 공배까지 막힌 다음 '졌군요'라고 돌을 던지는 사람이 있는데, 이것은 상대에 대한 실례이고, 비록 대패라도 공배까지 막히면 집을 계산해야 한다.

또 돌을 던지는 대신에 '시간이 없어서' 라든가 '조금 일이 있어서' 라고 말하는 것은 깨끗하지 못하다.

공배 메꿈

종국 후 공배가 막히는 것에 의해 수가 생길 군데가 있으면 공배 메꿈 전에 손을 넣어둘 것. 또 상대의 그런 곳을 슬쩍 노리는 것은 약간 비굴하다.

진 안타까움

이겨도 져도 겸허함을 잃어서는 안된다. '너무 좋아 수가 가감했다' '조금도 던져 주지 않아 얄미웠다'등 감정적인 말을 하지 않도록.

조언

관전자로써의 매너. 조언하고 싶은 마음은 잘 알지만, 대국 중에는 말을 삼가할 것. 가르쳐 주고 싶은 것이 있으면 끝난 후에 한다.

룰 위반

상대의 차례인데 치거나, 잡을 수 없는 돌을 집어올리거나, 패 세우기를 하지 않고 패를 되취하거나 하는 것은 룰 위반인데, 동료끼리 치고 있는 바둑이라면 고의가 아닌 한 상대에게 주의하여 다시 치면 좋을 것이다.

제 5 장

초심자의 고민 Q&A

이 장의 질문은 기원에서 개강
하고 있는 '초급 바둑 교실'에서
의 참가자의 실제적인 물음들이다.
아마 여러분도 같은 고민을 갖고
있을 것이라고 생각하며, 참고가 되
었으면 좋겠다.

? 정석을 외울 수 없다

Q 정석을 외울 수 없어 고민입니다.

(기력 · 2년 6개월 12급)

A 앙케이트에서 가장 많았던 것이 이 고민이었읍니다. 개중에는 입문하여 아직 1년도 되지 않았는데 정석을 몰라 고민이라고 한 사람도 있읍니다.

'정석'이라는 말은 일반 용어가 되어 있는 만큼 바둑에 있어서 정석은 매우 중요한 것, 정석을 외우지 않으면 바둑이 강해질 수 없다고 여러분은 생각하고 있는 것 같읍니다만, 당치도 않은 잘못된 생각입니다.

딱 잘라 말할 수 있을 것입니다. 정석은 조금도 중요한 것이 아니며, 외울 필요도 없읍니다.

정석의 내용은 어려우므로 그것을 이해하려면 상급이 된 후. 그리고 정석을 알고 있으면 잘 이길 수 있냐 하면 그렇지 않읍니다. 모르는 것보다는 알고 있는 편이 낫다는 정도입니다. 기력 2, 3년 정도로 정석을 외우려고 하는 것은, 국민학생이 어려운 방정식을 풀려는 것과 같은 것입니다.

바둑에는 정석 이전, 또 정석 이외에 공부해야 할 것이 많이 있읍니다. 정석은 바둑의 공부 분야에서 아주 적은 부분에 지나지 않는다는 것을 알아 주십시오.

정석이란 프로의 최고 두뇌가 오랜 세월에 걸쳐 만들어 온, 귀의 싸움이라고 할 수 있을 것입니다.

? 뜻밖의 실수를 막기 위해서는

Q 깜박 실수하는 경우가 많다. 정석을 모르는 것이 원인인가?

(기력·1년 3개월 18급)

A 기력이 아직 짧으므로 실수는 어느 정도 부득이 하겠지요. 그러나 그 수가 너무 많다면 좀 시간을 들여 치도록 하면 어떨까요.

그보다도 자신의 실수를 알아 차릴 수 있다면 문제 없읍니다. 알아 차리지 못한다면 고칠 수 없지만, 알아 차린다면 조금씩 주의하게 되겠지요. 의외로 빨리 능숙해질 것이라고 생각됩니다.

또, 실수와 정석과는 관계가 없읍니다.

? 몸으로 외운다

Q 알 수 없는 것 투성이이지만 조금 재미있어지고 있읍니다. 정석 등 머리로 외울 수 없으므로, 바둑을 치면서 몸으로 외우는 수밖에 없을 것 같은데······

(기력·10개월 ?급)

A 상당히 좋은 생각입니다. 그리고, 정석 따위 잊어 버리는 편이 오히려 편하지 않을까요.

? 갈라 치기를 모른다

Q 포석의 단계에서 갈라 치기를 하고 싶어도 그 후를 알

수 없어 좀처럼 상대의 집 안에 들어가지 못한 채 큰 집에 둘러싸여 버린다.

(기력 · 8 개월 ♀급)

A 기력 8개월인데 갈라 치기 등을 알고 계시군요.

1 도

백 1이 갈라 치기라는 수로, 우변이 쭉 흑의 세력권이 되기 전에 백 1로 중앙에 진을 취하여 그것을 막습니다.

단 이 백이 공격당하게 되면 재미없어지지만, 그 점은 괜찮습니다. 흑 2라면 백 3, 또 흑 a라면 백 b로 두 칸에 벌릴 여지가 있으므로, 어느쪽으로든 두 칸에 벌릴 수 있는 것이 갈라 치기의 조건이 됩니다.

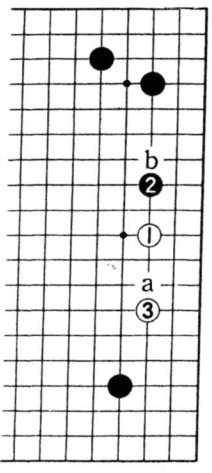

1 도

두 칸 벌리기를 한 돌은 근거가 단단하므로 공격당할 염려는 거의 없습니다.

만일 두 칸 벌리기의 스페이스가 없으면 한쪽으로 붙여 올 때 근거를 가질 수 없어 공격당할 염려가 생깁니다.

두 칸 벌리기로 안심할 수 있다는 감각을 빨리 익히는 것이 좋을 것입니다.

? 조금도 능숙해지지 않는다

Q 바둑을 시작할 때 자기류로 포석도 정석도 공부하지 않았기 때문에 바둑을 치는 회수는 많은데 조금도 능숙해지지 않아 최근 바둑의 기본부터 공부하기 시작했으나 외워지지 않아 고심하고 있읍니다.

(기력 · 50년 2급)

A 좀 호된 말 같지만 공부를 하지 않고 자기류로 치는 것으로는 50년 해도 초단이 될 수 없다는 산 견본이 당신이군요. 그러나 공부를 하는데 있어 너무 늦은 때란 없읍니다. 당신에게 맞는 공부를 하면 지금까지의 경험이 살아 잘 익힐 수 있을 것입니다.

당신에게 있어서는 정석이라든가, 맥이라는 부분적인 것 보다도 바둑이라는 것은 어떤 것인가 하는 전체적인 것에 눈을 주는 것이 좋은 공부법이라고 생각합니다. 바둑이라는 것은 돌을 취하여 기쁜 게임이 아니라는 것. 포석이라는 것은 어떤 것인가, 싸움이란 어떤 것인가 하는 것을 생각해 보는 것입니다. 그런 근본적인 면에서 잘못된 생각을 갖고 있지는 않은가. 분명히 맞는 부분이 있을 것이고, 그것을 알아 차리면 이제까지의 오랜 경험이 비약적으로 살아날 것이라고 생각합니다.

? 포석이 서툴다

Q 포석이 좀처럼 잘 되지 않고, 상대에게 유리하게 놓여져 버립니다.

(기력 · 2년 10급)

A 포석이 특히 잘 되지 않는 원인으로써 생각할 수 있는 것은, 포석의 지식은 있지만 아직 자신의 것이 되어 있지 않다는 것이 아닐까요. 또는 포석의 지식이 전혀 없기 때문은 아닐까요. 아마도 당신의 경우는 전자라고 생각합니다. 만일 얕은 지식이라면 그것에서 벗어나 자신이 납득할 수 있는 수를 치도록 해 보시면 어떨까요. 좀 더 자유롭게 쳐 보는 것입니다.

그리고, 상대의 집 모양이 커지면, 곧 안절부절하여 질투를 하는 버릇이 있다면, 그것을 서둘러 고치십시오.

? 화점과 소목은 어느쪽이 좋을까

Q 화점과 소목은 어느쪽이 좋을까요. 화점은 발전성, 소목은 삶이라고 하는데, 소목에 쳐도 자주 취해져 버립니다.

(기력 · 4 년 10급)

A 몇 사람인가가 같은 질문을 하고 있읍니다. 화점과 소목은, 어느쪽이 좋다고는 할 수 없읍니다. 이외에 3 · 3, 고목, 외목도 있는데, 모두 성질이 다른 만큼 선악은 말할 수 없읍니다.

말씀하신 대로 화점은 발전성, 소목은 삶이라고 배웠겠지만, 초급자는 이론을 알고 있어도 움직임이 동반되지 않읍니다. 그러므로 새삼스럽게 화점과 소목의 차이에 의문이 생기는 것일 것입니다.

화점의 경우는 상대에게 3 · 3 에 넣어지는 것이 가장 큰 문제점이고, 그에 관계되는 여러 가지 움직임을 실지로 경험하는 것이 화점의 성질을 이해하는 첩경이 됩니다.

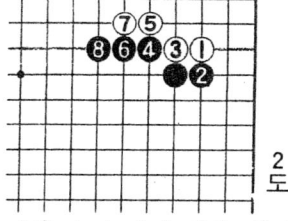

2 도

대표적인 예입니다만, 화점에 대해서는 단독으로 백 1로 들어가는 케이스도 있읍니다. 넣어졌다고 해서 화를 내어서는 안됩니다. 흑 2 이하 8과 같이 백을 살리고, 흑은 중앙으로 향해 세력을 만듭니다.

중요한 것은 이 세력의 의미를 잘 이해하는 것입니다. 세력이라는 것은 집을 만드는 세력도 되지만, 주변에서 싸움이 일어날 때 매우 유리한 조건이 되는 것입니다.

세력의 가치를 알고, 그것을 능숙하게 활용할 수 있으면 백 1로 귀를 어지럽혀도 태연해질 것입니다.

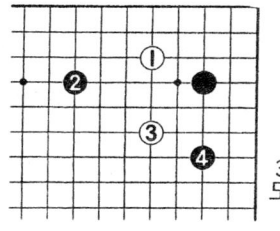

소목은 귀의 막힘을 겨냥하는 착점입니다만, 상대에게 걸치기를 쳐졌을 때 그 운용이 문제가 됩니다.

질문자는 '소목으로 쳐도 자주 잡혀 버린다'라고 하셨는데, 그것은 분명 걸쳐진 싸움에 무리가 있기 때문일 것입니다.

3 도

예를 들면 백 1로 걸쳐졌으면 흑 2 등의 끼우기로 공격을 가하지만, 백 3의 움직임에 대해 흑 4로 귀를 지키는 것이 중요합니다.

공격하면서 집을 취하는 것이 바둑의 극의이고, 특히 귀는 중요 지대이므로 수비를 잊어서는 안됩니다. 수비가 공격으로 통합니다.

공격이라고 하면 여러분은 돌을 취해 버리는 것을 생각합니다. 그렇게 하면 자신의 주변을 볼 수 없게 되고, 무리를 하여 반대로 취해져 버리는 경우도 있는 것입니다.

? 돌이 자주 취해진다

Q 돌이 자주 취해져 버립니다. 어떤 점에 주의하면 좋을까요.

(기력·2년 12급)

A 돌이 취해지는 것은 몇 가지 원인을 생각할 수 있읍니다.

순서대로 하자면, 우선 무리한 싸움을 일으켜 고전을 초래하면 돌이 죽을 공산도 높아질 것입니다.

그리고 싸우는 방법이 서툴면 돌은 자주 죽읍니다.

그리고 돌의 생사가 의문일 때 살 방법을 모르면 당연히 취해져 버립니다.

이 세 가지 중, 가장 큰 원인이 되는 것은 두번째입니다. 돌이 자주 취해진다는 것은 상대가 무리를 해와도, 그것을 되젖히는 힘이 없다는 것일 것입니다.

싸움에 능숙해지기 위해서는 우선 형에 약점을 만들지 않을 것. 지켜야 할 곳은 잘 지킨다. 자신의 형만 잘 지키고 있으면 자연히 상대의 약점이 떠올라 여유를 갖고 싸울 수가 있읍니다. 앞에서 말했듯이 자신의 주변도 보지 않고 돌을 취하려고 하는 것은 취해지는 원인이 되므로 주의해야 합니다.

? 상수에 약하다

Q 상수와 치면 대개 돌이 취해져 버린다. 왜 그런지 알 수 없다.

(기력 · 20년 14급)

A 그렇게 말씀하시는 분이 많습니다. 공통적으로 말할 수 있는 것은 보통 싸움 바둑만 쳐 바둑의 맛은 돌을 취하는 것이라고 생각하고 계신 분들입니다. 바둑의 맥이 라는 것을 아직 참되게 이해하고 있지 않아, 그 때문에 상수와 겨루면 별수없이 꺾여 버리는 것입니다.

기력 20년에 20급이라는 것은 바둑에 임하는 자세가 틀 렸다고 할 수 있을 것입니다.

바둑의 맥이라는 것에 좀더 관심을 가지면 돌도 취해 지지 않게 되고, 또 강해질 것입니다.

? 나쁜 바둑은 던져야 할 것인지

Q 강한 사람과 쳐, 공부라고 생각하고 던지지 않고 종 반패까지 치면 싫은 얼굴을 합니다. 나쁜 바둑은 던져야 하는 것입니까.

(기력 · 1년 15급)

A 상대도 재미로 치는 것이므로 승부가 난 바둑을 언 제까지나 붙들고 있는 것은 좋지 않습니다. 역시 던져야 할 것입니다.

? 맞바둑은 어렵다

Q 놓고 치는 일이 많아, 맞바둑에는 익숙치 않기 때문에 어떻게 지는 것이 좋을지 고민입니다.

(기력·1년 17급)

A 좀더 바둑을 칠 기회를 많이 만들어, 맞바둑을 칠 수 있는 상대를 늘려야 할 것입니다.

? 패의 최초는?

Q 패의 돌은 곧 되취해야 한다는데, 패의 최초의 형을 알 수 없습니다.

(기력·8개월)

A 한 예를 들어보지요

4 도

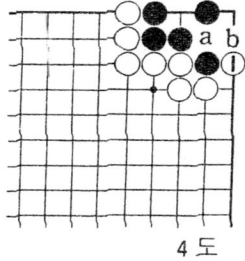

4 도

백 1로 단수를 건 때인데, 흑 a로 잇는 것은 백 b로 쳐져 한 눈이 되어 죽어버립니다. 그래 서 흑은 연구하여 ――

5 도

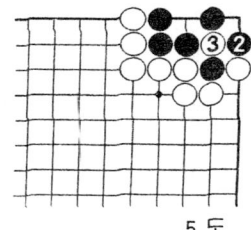

5 도

흑 2의 패로 받는 것입니다. 이에 대해 백은 3으로 취할 수가 있읍니다. 그러나 백 3 뒤 흑은 3의 돌을 곧 되취할 수는 없읍니다. 어딘가 다른 곳으로 패 세우기를 쳐 백이 패 세우기에 대응해 올 때 되취할 수가 있는 것입니다.

당신이 모르는 것은, 흑2일 때 백3으로 취할 수 있을까 어떨까 일텐데, 최초로 취하는 수는 OK입니다. 되취하는 수는 곧 칠 수 없읍니다.

또 5도의 패에 성공하면 흑이 두 눈이 되는 것을 알 수 있을 것입니다.

? 치고 싶지 않다

Q 저와 같은 정도의 기력인 사람에게 3 연승하자 이제 더 이상 쳐 주지 않겠다고 합니다. 어떻게 하면 좋을까요.

(기력 · 3 년 10급)

A 치고 싶지 않다면 방법이 없군요. 그러나 당신쪽에서 치고 싶다면, 좀 냉각기를 두었다가, 또 '칩니다'라고 말을 걸어 보면 어떨까요.

? 일국의 시간

Q 일국은 어느 정도의 시간으로 치는 것이 좋을까요.

(기력 · 6 년 6급)

A 1시간 정도가 적당할 것입니다. 아무 생각도 없이 척척 쳐도 능숙해지지 않지만, 없는 지혜를 아무리 짜내도 좋은 수는 떠오르지 않읍니다.

단 망설임으로 시간을 너무 사용하는 사람은 장고파이며, 좀 빨리 결단을 내리십시오.

? 형세를 알 수 없다

Q 이기고 있는 것인지 지고 있는 것인지, 최후까지 알

수 없읍니다.

(기력·6 개월 25급)

A 입문을 막 한 상태로는 어쩔 수 없읍니다. 상수인 사람과 치며 국면이 종반패에 들어가면 형세를 물어 보아도 좋을 것입니다. 그 대답에 따라서는 포기하고 돌을 던지십시오.

? 꼭 붙여온다

Q 돌을 꼭 붙여 오는 상대에게는 어떻게 하면 좋을까요.

(기력·1 년 18급)

A 바둑에 강해지기 위해서는 싸움에 강해져야 합니다.

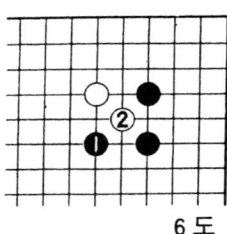

6 도

? 한 칸 뛰기는 악수인가?

Q 6 도와 같을 때 흑1로 한 칸 뛰기를 하면 백2의 마늘모를 쳐져 곤란합니다. 흑1은 악수입니까.

(기력·7 년 5급)

A 주위의 조건에 따라 다르므로 말할 수는 없읍니다만, 대부분의 경우 좋은 수입니다. 백2에 의해 어느쪽인가의 한 칸 뛰기를 끊겨 고민이라고 생각할 것이지만, 7도 어느쪽인

7 도

가 한쪽을 흑1로 잇고, 백2에서 4로 끊어 준다면 흑5
로 싸웁니다. 돌수의 차로, 이 싸움은 흑 유리일 것입니
다. 그래도 흑이 나빠진다면 6도의 흑1에 죄가 있는
것이 아니고, 그 후의 치기 방법에 문제가 있기 때문입
니다.

? 강의와 실전이 연결되지 않는다

Q강의는 알아듣겠는데, 대국이 되면 느낌이 다릅니다.
강의와 실전을 연결시킬 방법은 없을까요.
(기력 · 9개월 20급)

A자동차 운전을 배우기 위해서는 강의를 아무리 들어
도 몸으로 익히지 않으면 허사, 이와 같습니다. 강의는 어
디까지나 보조적인 것. 중요한 것은 실전이라는 것을 명
심하십시오. 강의를 실전으로 연결시키려는 것은 주객이
전도된 것, 오히려 실전을 강의에 연결시킨다는 기분쪽
이 좋을 것입니다. 연결되지 않아도 마음 쓸 것은 없읍
니다.

그리고, 강의의 내용은 대개 어렵지만, 선생님의 말솜
씨가 능숙하여 학생들은 다 알아 들은 것 같은 기분이듭
니다. 본래는 모르고 있지만—— 라는 일도 있는 것입니
다.

특히 많은 사람이 참가하고 있는 바둑 교실에서는, 선
생님의 말씀이 자신의 레벨에 꼭 맞는다고는 할 수 없읍
니다.

아뭏든 질문자의 고민은 바둑 교실에 다니고 있는 사

람 전원이 그렇게 생각하고 있는 공통된 것이므로 마음에 둘 것은 없읍니다.

? 공격이 좋다

Q공격하는 것은 좋다. 반대로 상대에게 공격할 틈을 주는 것이 고민.

(기력 · 2 년 10급)

A자신의 단점을 그만큼 잘 알고 있으면 아무말도 드릴 것이 없읍니다. 그것을 의식하고 있으면 자연스럽게 고민을 극복할 수 있을 것입니다.

? 프로의 바둑 감상 방법

Q프로의 바둑을 늘어 놓아 보아도 알 수 없는 것이 많은데(포석은 조금 아는 것도 있읍니다), 무엇을 염두에 두고 늘어 놓으면 좋을까요.

(기력 · 3 년 6 개월 9 급)

A다음 한 수를 예상하면서 두는 것은 자신이라면 어디에 칠 것인가를 생각하면서 늘어 놓는 것입니다. 물론 어려운 것은 무리하게 생각하지 않아도 좋읍니다. 그런 마음의 준비를 하고 늘어 놓아 가면 프로가 치는 수에 대해 자신 나름대로의 인상을 가질 수가 있읍니다. 그것이 능숙해지는 밑거름이 되는 것입니다.

중요한 것은, 좋은 템포로 늘어 놓는 것. 너무 이르면 수순에 쫓겨 생각을 할 수 없게 되고, 너무 늦어도 머리가 피곤해질 것입니다. 딱 알맞은 템포를 자신이 만들도록 하십시오.

? 치는 것에 가까운 공부법은?

Q 집에서는 책에 의지하는데, '치기'에 가장 가까운 공부법은?

(기력 · 2 년 6 개월 12급)

A 해설과 함께 실전을 늘어 놓아 보기로 하겠읍니다. 그러나 그래도 '치기'와는 상당한 간격이 있으므로, 역시 대국 기회를 많이 만드는 것이 좋읍니다.

쉬운 '살기와 죽기'의 문제를 풀어보는 것이 상당히 유리할 것이라는 것을 첨가해 둡니다.

? 집 안으로 들여보내다

Q 집을 포위해도 안으로 들여보내 살게 해 버립니다.

(기력 · 8 개월 25급)

A 아직 돌이 살았는지 죽었는지 잘 알 수 없으므로 들어온 돌을 취할 수는 없겠지요. 돌의 생사에 관해 좀더 공부해 주십시오.

? 신문의 바둑란의 어렵읍니다

Q 신문의 바둑란을 보아도 어려워 잘 알 수 없읍니다.

(기력 · 4 년 6 급)

A 신문의 바둑란은 수순을 눈으로 쫓는 것이 곤란하여, 분명히 공부의 재료로 하기에는 너무 어렵읍니다. 프로의 세계에 조금이라도 친해진다는 정도의 기분으로 보면 좋

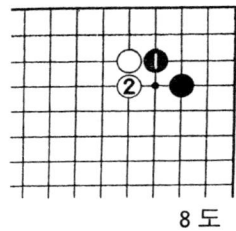 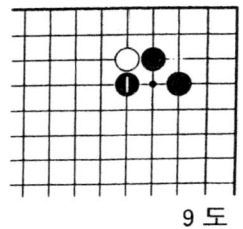

8 도   9 도

을 것입니다.

? 왜 뻗지

Q 8 도 흑1 의 마늘모에는 백2 로 뻗도록 배웠읍니다
만, 왜 뻗어야 하는 것입니까.

(기력 · 1 년 6 개월 14급)

A 흑1 은 바르게는 '마늘모 붙이기' 라고 합니다. 흑1
에 대해 백이 손을 뺀 경우,

9 도

흑1 로 백의 머리를 누르는 것이 매우 좋은 수가 되
는 것입니다. 이곳으로 쳐지면 백돌은 활력의 대부분을
잃어 버리고, 반대로 흑은 만전의 형이 됩니다. 그러므로
8 도의 백1 은 중요한 수인 것입니다.

대개 상대의 돌이 꼭 붙어 올 때는 무엇인가 받아 답
을 하는 것이 보통입니다.

? 아이에게 가르치고 싶은데

Q 아이에게 가르치고 싶은데 어떻게 하면 좋을까요.

(기력 · 10년 3 급)

A 상당한 난문이군요. 가까이에 어린이 바둑 교실이라도 있으면 가장 좋을텐데 ……

자신이 가르치려면, 우선 바둑과 친해질 수 있는 분위기를 만들어 주어야 합니다. 조금이라도 억지로 강요하거나 하면 어린이는 따라주지 않습니다. 그것에 성공하면, 뒤는 흥미를 잃지 않도록 바둑의 재미를 조금씩, 자극적으로 가르치도록 하십시오. 그러나 더욱 중요한 것은, 가르치려는 기분을 전면적으로 드러내지 말고, 어린이와 함께 즐긴다는 기분을 갖는 것입니다.

? 화점 집으로도 이길 수 없다

Q 화점 집 놓기로도 진다면, 상대에게 좀더 놓도록 만들라고 들었읍니다. 그렇게 하여 이길 수 있을까요.

(기력·10개월 18급)

A 화점 집 이상이 어떤 것인지 한번 해 보는 것도 좋겠지요. 그것이 어리석다고 생각된다면 무리하게 놓을 것은 없읍니다. 다른 수를 발견해 보십시오.

? 종국 후의 세는 방법은

Q 종국 후의 집 만드는 방법이 서툴어 어느쪽이 집인지 알 수 없어져 버립니다. 요령을 가르쳐 주십시오.

A 10도가 그 일례입니다만, 제 3 자가 보면 잘 알 수 없읍니다.

가장 중요한 것은 집의 직접 경계선에 가능한 백돌과 흑돌이 섞이지 않도록 하는 것입니다. 그렇게 하기 위해서는 적당하게 돌을 이동하는 것도 필요하지만, 집의 수

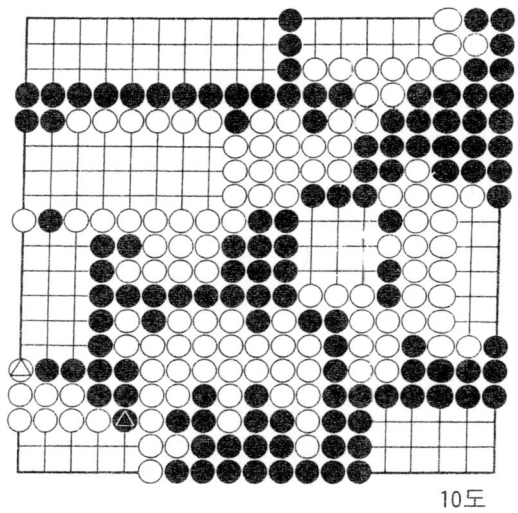

10도

가 변하지 않도록 주의해 주십시오. 한 가지 예를 말하
자면, 좌하귀에서 ●과 ○을 바꾸어 넣으면, 이 부분은
보기 쉽게 될 것입니다.

가능한 큰 집을 만들어 돌을 빼고, 뺀 돌은 다른 집으
로 사용하는 것도 요령의 한가지.

그리고 이 그림의 상변과 좌변과 같이 한 줄의 경계
선으로 백땅과 흑땅을 나누는 것은 좋지 않습니다. 이것
은 백돌과 흑돌, 경계선이 두 줄인 것이 바람직합니다.

서둘지 말고 천천히 집을 만드는 습관을 붙이면 곧 요
령을 이해할 수 있게 될 것입니다.

제6장

끝내기의 정석

바둑은 초반·중반전의 열띤 공격과 방어도 중요하지만 끝내기는 더욱 중요하다. 대국의 과정으로 보아 충분히 이겼다고 생각한 쪽이 의외로 마무리를 해놓고 보면 지는 경우를 종종 본다. 끝내기에서 손해를 많이 보았기 때문에 생기는 결과이다. 이 장(제6장)에서는 알기쉬운 끝내기를 문제화시켜 다루어 본다. 한 수 한 수의 수계산과 수순에 유의하면서 공부하기 바란다.

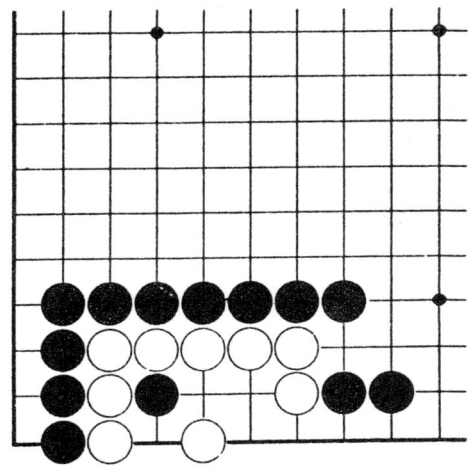

〔제 1 문〕

흑선 백사

메움 바둑에는 생각하는 순서가 있다. 정해가 딱 머리에 떠오르지 않는 경우에 우선 생각하는 것은 상대의 품을 공격하여 치는 방법이다. '죽음은 떼기에 있다'라고 일컬어 지는데 소위 '떼어 죽이기'이다.

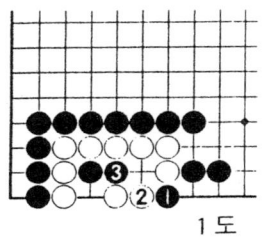

1 도

〔제 1 문〕
(1도)〔정해〕흑1의 때
기가 급소이고 백2에 흑3
으로 댄다.

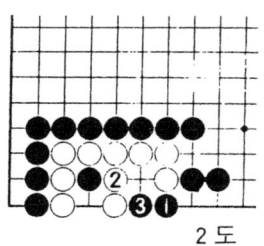

2 도

(2도)〔대항책〕 흑1에
백2도 왼쪽에 한눈 만들면
흑3으로 넣어 백사.

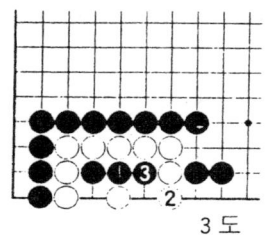

3 도

(3도)〔빅〕흑1은 소위
'서툰대응'. 백2로 내려져
빅이 된다.

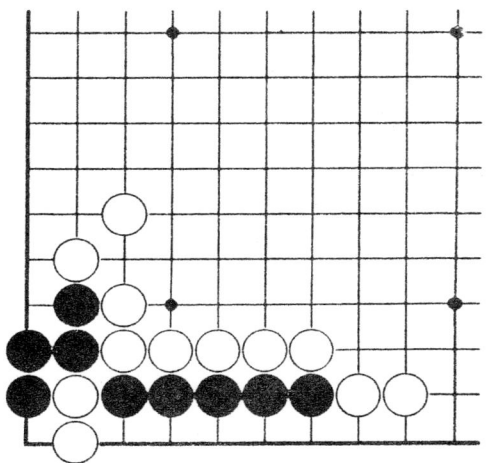

〔제 2 문〕

백선 흑사

죽이기 위해서는 상대에게 두 눈을 만들지 못하게 해야 한다. 그러기 위해서는 눈을 만들 여지를 주지 말아야 한다. 즉 상대의 품 밖에서 쫓는다. 그것이 떼기이다.

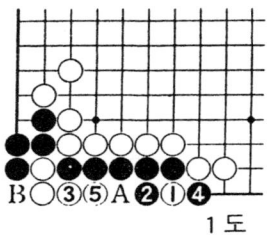

1 도

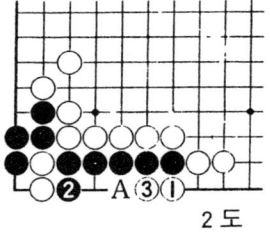

2 도

[제 2 문]

(1도) 〔정해①〕 제1착은 백1의 떼기.

이 이외에서 흑은 죽음이 되지 않는다. 백5에서 구부리기 네 칸으로 보이지만 흑은 공배 메우기로 A나 B로 칠 수가 없다.

(2도) 〔정해②〕 백1에 흑2이면 백3으로 남는다. 여기에서도 역시 흑은 공배 메우기로 흑A로 눈을 가질 수가 없다.

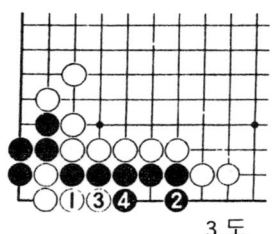

3 도

(3도) 〔안에서〕 백1은 '서툰 응수'. 흑2에 백3으로 넣어도 흑4로 여기에서 한 눈 갖게 된다.

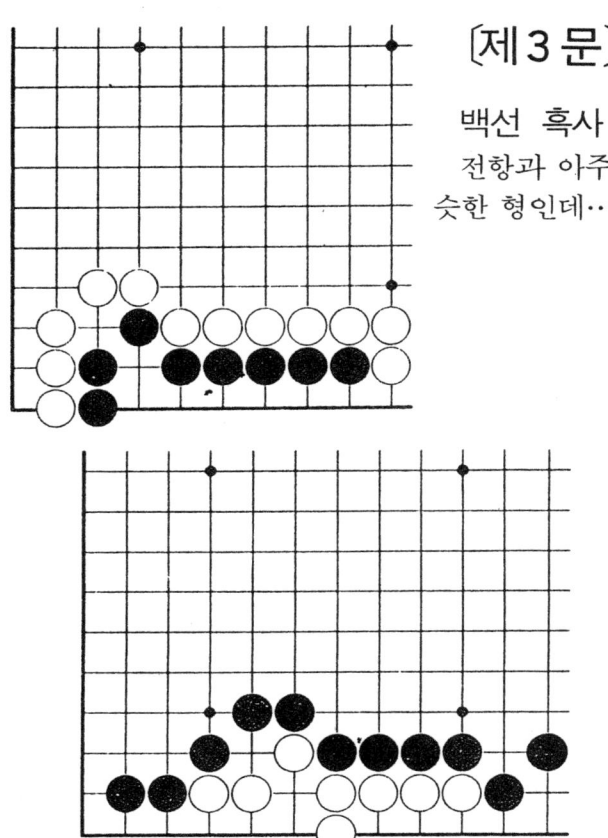

[제 3 문]

백선 흑사

전항과 아주 비
슷한 형인데…

[제 4 문] 흑선 백사
오른쪽의 눈은 확실함으로 왼쪽의 눈을 취할 연
구를 해야 한다.

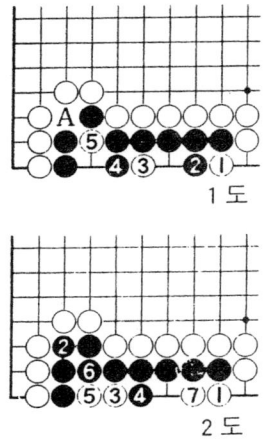

1 도

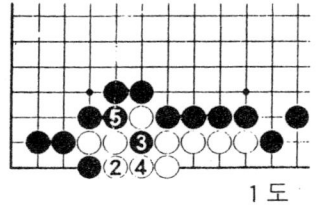

2 도

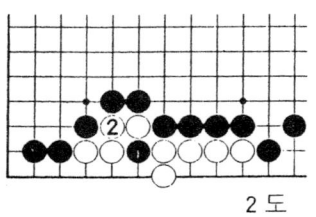

1 도

2 도

[제 3 문]

(1 도) 〔정해 ①〕 백 1 의 떼기에서부터 공격하는 것이 순서이다. 흑 2 의 누르기에 백 5 로 넣어 죽인다. 흑은 공배 메우기고 A로 붙일 수 없다.

(2 도) 〔정해 ②〕 백 1 에 흑 2 로 벌려 애를 써도 잘 되지 않는다. 백 3 의 붙이기가 맥이고 이하 7 까지 흑 사.

[제 4 문]

(1 도) 〔정해〕 흑 1 의 떼기에서부터 간다. 백 2 에 흑 3 으로 넣는다. 흑 5 까지로 사이다.

백 4 에서 5 로 잇는 것은 공배 메우기.

(2 도) 〔순서전후〕 흑 1 의 넣기에서부터 해서는 백 2 로 실패이다.

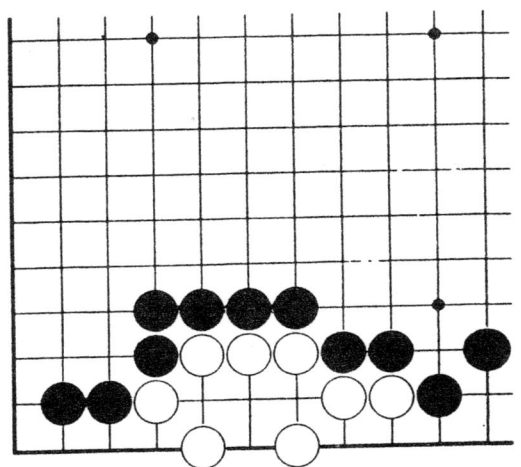

[제 5 문]

흑선 백사

밖에서부터 좁혀도 상대에게 두 눈 만들 여지가 있는 경우는 상대의 품으로 뛰어드는 대범한 작전이 필요하다.

이것이 '거르기'이다.

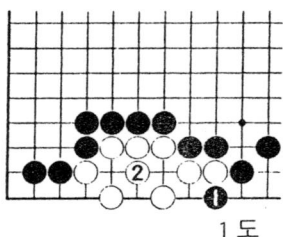

1 도

〔제 5 문〕

(1도) 〔떼기〕 흑 1의 떼기이다. 백 2로 눈을 만들게 해서는 안된다.

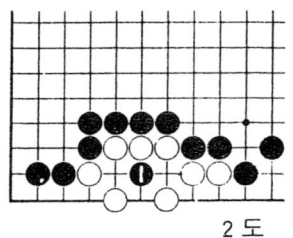

2 도

(2도) 〔정해〕 그러므로 상대의 품으로 과감하게 뛰어든다. 흑 1의 거르기가 정해.

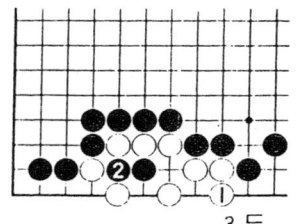

3 도

(3도) 〔그 뒤〕 2 도 뒤 백이 1로 내려 한 눈 만들면 흑 2로 끊어 양쪽대기이다.

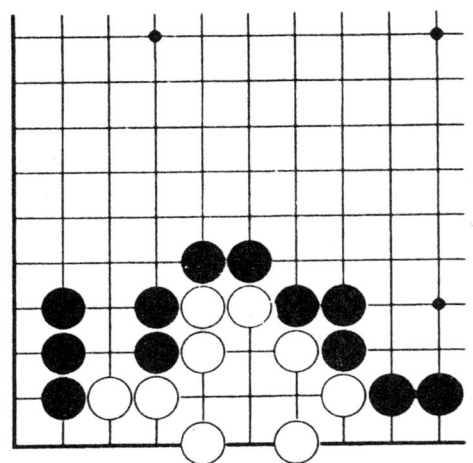

〔제6문〕

흑선 백사

‘거르기’라는 것은 상대가 눈을 갖는 곳을 공격하는 것이다. 격언에서 말하는 ‘적의 급소는 자기편의 급소’ 그 급소를 공격하는 것이 ‘걸러 죽이기’. 백은 전제 보다 조금 넓지만…

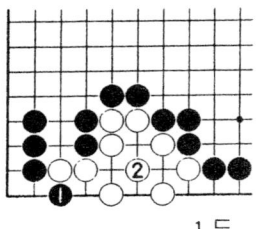

1 도

〔제 6 문〕
(1 도) 〔같은 케이스〕흑 1 의 떼기에서는 전제와 마찬가지로 백 2 로 눈을 만들게 해서는 안된다.

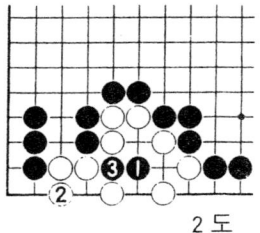

2 도

(2 도) 〔정해〕역시 흑 1 의 거르기이어야 한다. 백 2 로 여기에 눈을 가지면 흑 3 으로 끊어 백돌을 잡을 수 있다.

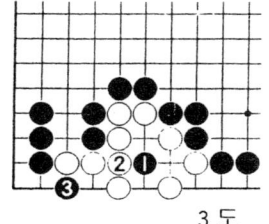

3 도

(3 도) 〔맞춤 기〕흑 1 의 거르기에 백 2 로 단점을 이으면 흑 3 으로 떠어 백사이다. 거르기와 떼기의 양쪽을 사용하는 것이다.

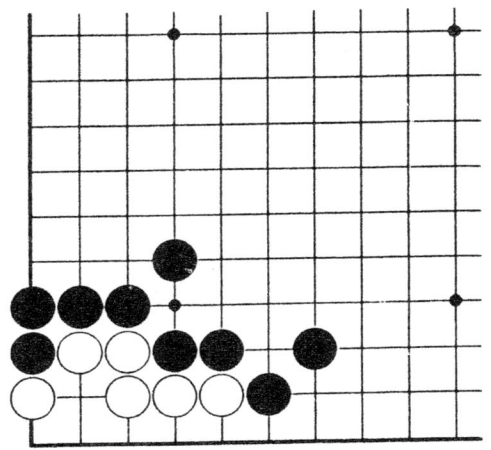

[제 7 문]

흑선 백사

사활문제에서 가장 쉬운 부류에 속하는 것이 눈 모양이 확실한 것이다.

어디에서부터 수를 붙이는 것이 좋은지 전혀 짐작이 가지 않는 것과는 달리 수단을 생각할 곳이 있기 때문이다.

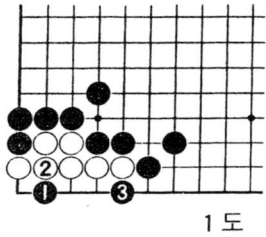

1 도

[제 7 문]

(1도) [정해 ①] 어쨋든 간에 제1착은 백1이어야 한다. 백2의 잇기라면 흑3의 떼기로 결정한다. 흑1에서 3은 백1로 백은 산다. 흑1의 점이 급소인 것이다.

(2도) [정해 ②] 흑1에 백이 2로 품을 넓혀 주면 흑3으로 역시 백에는 한눈밖에 없다.

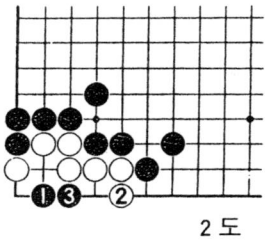

2 도

(3도) [실수] 그런데 전도 백2에 흑1로 끊거나 해서는 큰일. 백4로 도리어 백은 살게 되고 만다.

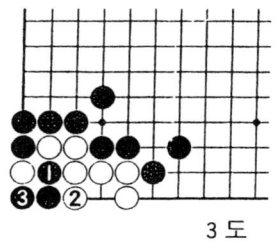

3 도

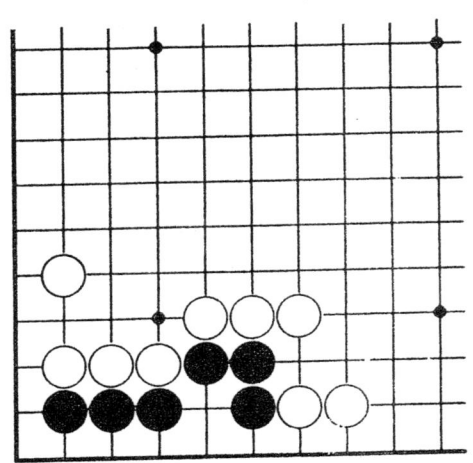

〔제 8 문〕

백선 흑사

이것도 제 1 착이 포인트이다. 그러나 제 1 착을 알았다고 해서 안심하면 왕왕 후속 수단을 틀리는 일이 있다.

최후까지 잘 읽어보기 바란다.

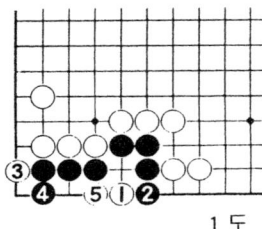

1 도

[제 8 문]

〔1 도〕〔정해〕급소는 백 1 의 거르기. 이것은 이미 알고 있을 것이다. 흑 2 의 누르기에 백 3 으로 여기에서부터 젖힌다. 흑 4 에는 백 5 이다.

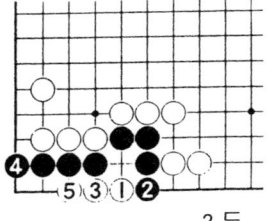

2 도

(2 도) 〔서툰 응수〕흑 2 에 백 3 으로 기는 것이 소위 '서툰 응수'. 흑 4 에 백 5 로 더욱 기어도 흑은 손을 빼어 산다. 백 큰 손해이다.

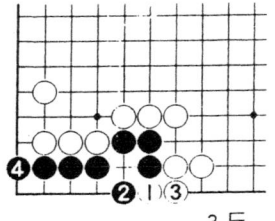

3 도

(3 도) 〔논외〕백 1 의 때기는 도와주기. 흑은 네 칸의 집을 갖고 큰 위세로 뻗는다.

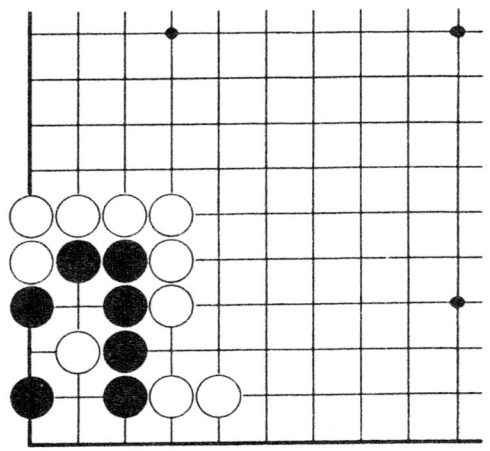

〔제 9 문〕

백선 흑사

'떼어 죽이기'의 경우 놓는 돌은 상대를 한눈이 되지 않도록 하기 위한 것이므로 그 돌을 사용하여 치중수가 되도록 할 것을 생각하면 좋다.

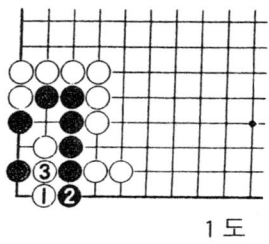

1 도

〔제 9 문〕

(1도)〔정해〕백1의 떼기에서부터 수를 붙이고 흑2의 누르기에는 백3으로 이어 세칸 치중수로 흑사이다.

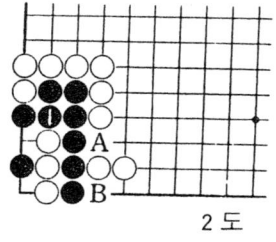

2 도

(2도)〔그 뒤〕

1도 뒤 흑1로 이어도 A, B의 공배가 메워지면 흑 여덟점을 잡을 수 있다.

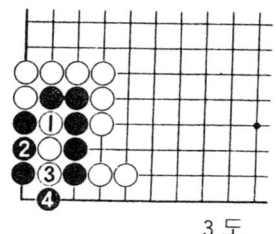

3 도

(3도)〔실패〕단점이 있다고 해서 즉석에서 백1로 끊거나 하면 곤란을 겪는다.

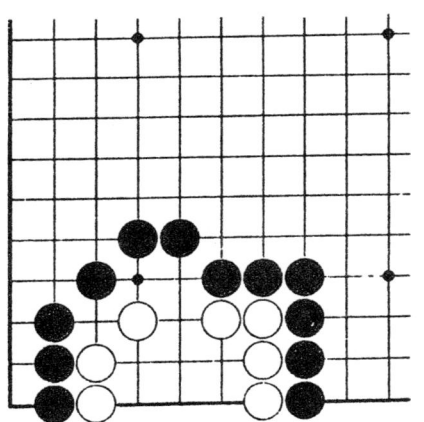

[제10문]
흑선 백사
 놓는 급소를
잘 생각해 주기
바란다.

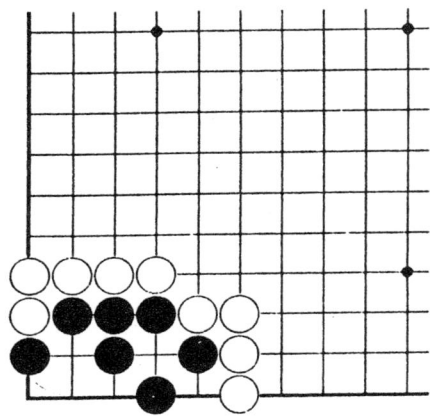

[제11문]
백선 흑사
 놓을 곳은 1곳
밖에 없지요.

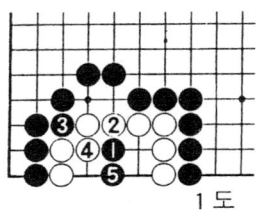

1 도

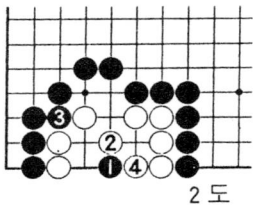

2 도

〔제10문〕

(1도) 〔정해〕 흑 1에 백 2는 절대. 이어서 흑 3으로 대어 5로 내린다. 3을 치지 않고 단순한 5로도 다섯칸 치중수로 죽음이다.

(2도) 〔한길 틀림〕 흑 1로 1선에 놓는 것은 백 2로 붙여져 백은 산다.

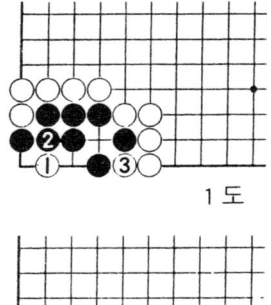

1 도

2 도

〔제11문〕

(1도) 〔정해 ①〕 역시 백 1의 떼기가 맥. 흑 2라면 백 3으로 눈을 뺀다.

(2도) 〔정해 ②〕 백 1에 흑 2라면 백 3으로 집어 넣어 눈은 찌부러진다.

백 1에서 2는 흑 1로 패가 된다.

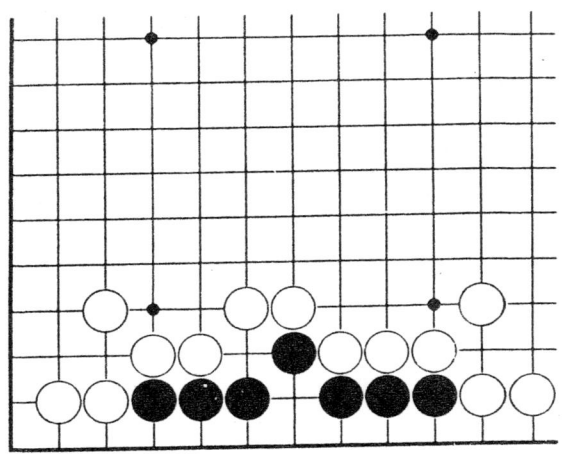

〔제12문〕

백선 흑사

지렁이 처럼 가늘고 길게 살아 있는 것 처럼 보이지만 당황할 것은 없다. 메움 바둑의 맥은 실제로 메우면 최소의 한수로 결정되는 것이 많은 것이다.

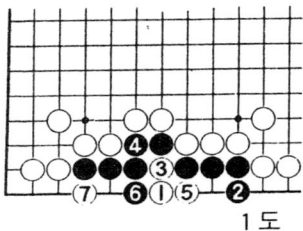

1 도

〔제12문〕

(1도)〔정해①〕'좌우 동형 중앙에 수가 있다'라는 격언이 있는데 백1은 바로 그것이다. 백7까지 세 칸 치중수로 흑사.

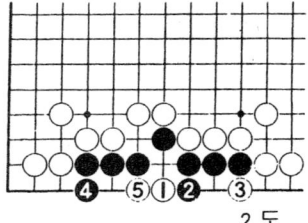

2 도

(2도)〔정해②〕백1에 흑2이면 우선 백3으로 오른쪽 눈을 잡고 흑4로 품을 넓히면 백5로 기어 역시 눈은 하나.

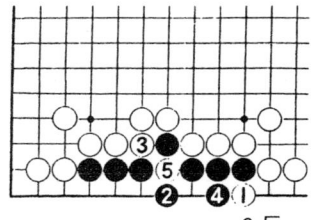

3 도

(3도)〔패〕백1의 때기는 백5까지 패. 애써 잡은 것을 패가 되게 해서는 안된다.

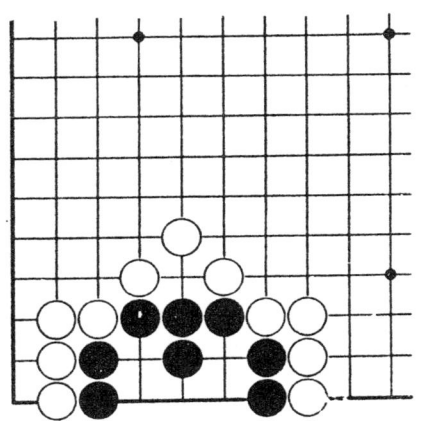

〔제13문〕
백선 흑사
　좌우동형은 전
문으로 공부했다.

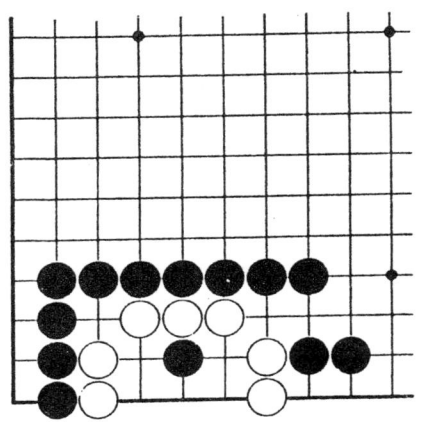

〔제14문〕
백선 살기
　좌우동형은 죽
이기 뿐만 아니라
살기 위해서도
사용할 수 있다.

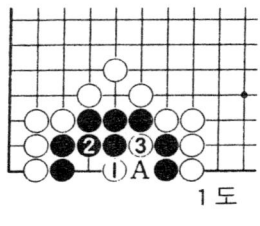

1 도

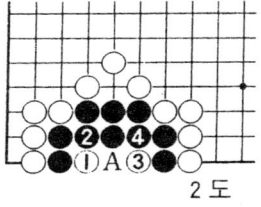

2 도

〔제13문〕

(1도) 〔정해〕 '중앙에 수가 있다' 백 1 이 넉아웃 펀치. 흑 2 에 백 3 으로 넣는 것이 좋은 수이다. 흑 A 로 취하는 것은 대어 올리기가 된다.

(2도) 〔가득〕 백 1, 3 에서는 흑 4 뒤 백 A 로 칠 수가 없다.

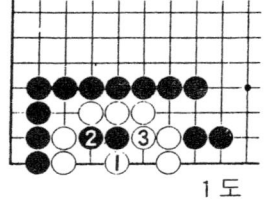

1 도

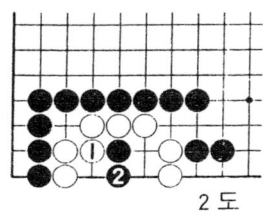

2 도

〔제14문〕

(1도) 〔정해〕 백 1 의 붙이기가 급소이다. 흑 2 에서 3 은 백 2 로 이쪽에 한눈 만든다.

(2도) 〔그외〕 백 1 은 자신의 수명을 줄이는 것과도 같은 것이다. 흑 2 로 치중수가 되었다.

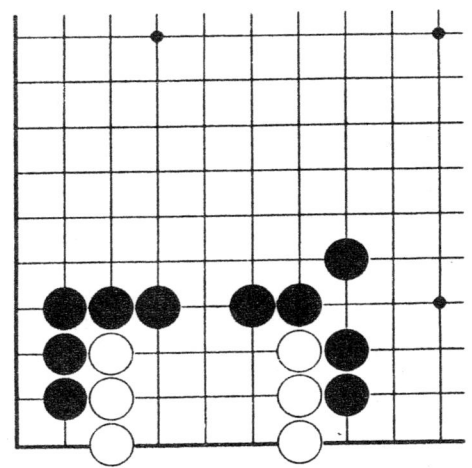

〔제15문〕

백선 살기

실전에서는 도저히 불가능한 그림이지만 얇은 형임에도 불구하고 여기에 백의 살기가 있다고 한다면 깜짝 놀랄 사람도 있을 것이다. 역시 좌우동형이다.

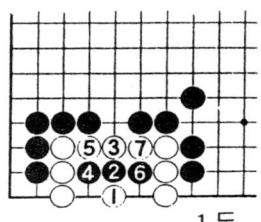

1 도

〔제15문〕

(1도) 〔정해〕 백 1 이 기사회생의 묘수이다. 흑 2 로 맨가운데를 공격해 주면 이것도 또 동형 중앙에서 백 3 이 절묘. 백 7 까지로 빅의 살기가 되었다. 1, 3 의 연속 중심타에 주목하기 바란다.

(2도) 〔맥 틀림〕 백 1 로 2 선에 치는 것은 실패. 흑 2 에서 6 으로 찔린다.

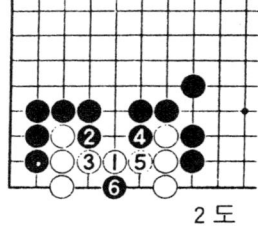

2 도

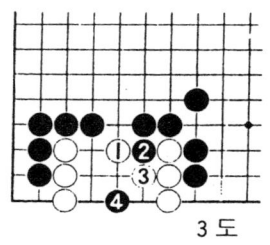

3 도

(3도) 〔욕심〕 품을 넓히려는 백 1 도 실패이고 흑 2, 4 로 만사 휴식. 치중수가 되어 버렸다.

```
┌─────────────┐
│ 판   권 │
│ 본사 │
│ 소   유 │
└─────────────┘
```

실전에서 이기는 법

2012년 2월 25일 인쇄
2012년 2월 28일 펴냄

지은이/ 大 竹 英 雄
옮긴이/ 프로바둑연구회
펴낸이/ 최   상   일
펴낸곳/ 太 乙 出 版 社
서울특별시 중구 신당6동 52-107 (동아빌딩내)
등록/1973년 1월 10일(제4-10호)

＊잘못된 책은 구입하신 곳에서 교환해 드립니다.

■주문 및 연락처

우편번호 １０ ０ - ４ ５ ６
서울특별시 중구 신당6동 52-107 (동아빌딩 내)
전화 / 2237-5577 팩스 / 2233-6166
ISBN 89-493-0366-3   13690

"당신의 바둑실력이 두 배로 는다!!"

최신판!! 프로바둑강좌시리즈

'머리의 바둑'은 '공격을 겸한 방어'이자, '방어를 위한 공격'이다!!